轻与重
FESTINA LENTE

姜丹丹 主编

绵延的辩证法

关于休憩的哲学

[法] 加斯东·巴什拉 著 陈元 译

Gaston Bachelard

La dialectique de la durée

华东师范大学出版社
上海

VI HORAE

华东师范大学出版社六点分社　策划

主编的话

1

时下距京师同文馆设立推动西学东渐之兴起已有一百五十载。百余年来，尤其是近三十年，西学移译林林总总，汗牛充栋，累积了一代又一代中国学人从西方寻找出路的理想，以至当下中国人提出问题、关注问题、思考问题的进路和理路深受各种各样的西学所规定，而由此引发的新问题也往往被归咎于西方的影响。处在21世纪中西文化交流的新情境里，如何在译介西学时作出新的选择，又如何以新的思想姿态回应，成为我们必须重新思考的一个严峻问题。

2

自晚清以来，中国一代又一代知识分子一直面临着现代性的冲击所带来的种种尖锐的提问：传统是否构成现代化进程的障碍？在中西古今的碰撞与磨合中，重构中华文化的身份与主体性如何得以实现？“五四”新文化运动带来的“中西、古今”的对立倾向能否彻底扭转？在历经沧桑之后，当下的中国经济崛起，如何重新激发中华文化生生不息的活力？在对现代性的批判与反思中，当代西方文明形态的理想模式一再经历祛魅，西方对中国的意义已然发生结构性的改变。但问题是：以何种态度应答这一改变？

中华文化的复兴，召唤对新时代所提出的精神挑战的深刻自觉，与此同时，也需要在更广阔、更细致的层面上展开文化的互动，在更深入、更充盈的跨文化思考中重建经典，既包括对古典的历史文化资源的梳理与考察，也包含对已成为古典的“现代经典”的体认与奠定。

面对种种历史危机与社会转型，欧洲学人选择一次又一次地重新解读欧洲的经典，既谦卑地尊重历史文化的真理内涵，又有抱负地重新连结文明的精神巨链，从当代问题出发，进行批判性重建。这种重新出发和叩问的勇气，值得借鉴。

3

一只螃蟹，一只蝴蝶，铸型了古罗马皇帝奥古斯都的一枚金币图案，象征一个明君应具备的双重品质，演绎了奥古斯都的座右铭："FESTINA LENTE"（慢慢地，快进）。我们化用为"轻与重"文丛的图标，旨在传递这种悠远的隐喻：轻与重，或曰：快与慢。

轻，则快，隐喻思想灵动自由；重，则慢，象征诗意栖息大地。蝴蝶之轻灵，宛如对思想芬芳的追逐，朝圣"空气的神灵"；螃蟹之沉稳，恰似对文化土壤的立足，依托"土地的重量"。

在文艺复兴时期的人文主义那里，这种悖论演绎出一种智慧：审慎的精神与平衡的探求。思想的表达和传播，快者，易乱；慢者，易坠。故既要审慎，又求平衡。在此，可这样领会：该快时当快，坚守一种持续不断的开拓与创造；该慢时宜慢，保有一份不可或缺的耐心沉潜与深耕。用不逃避重负的态度面向传统耕耘与劳作，期待思想的轻盈转化与超越。

4

“轻与重”文丛，特别注重选择在欧洲（德法尤甚）与主流思想形态相平行的一种称作 essai（随笔）的文本。Essai 的词源有“平衡”（exagium）的涵义，也与考量、检验（examen）的精细联结在一起，且隐含“尝试”的意味。

这种文本孕育出的思想表达形态，承袭了从蒙田、帕斯卡尔到卢梭、尼采的传统，在 20 世纪，经过从本雅明到阿多诺，从柏格森到萨特、罗兰·巴特、福柯等诸位思想大师的传承，发展为一种富有活力的知性实践，形成一种求索和传达真理的风格。Essai，远不只是一种书写的风格，也成为一种思考与存在的方式。既体现思索个体的主体性与节奏，又承载历史文化的积淀与转化，融思辨与感触、考证与诠释为一炉。

选择这样的文本，意在不渲染一种思潮、不言说一套学说或理论，而是传达西方学人如何在错综复杂的问题场域提问和解析，进而透彻理解西方学人对自身历史文化的自觉，对自身文明既自信又质疑、既肯定又批判的根本所在，而这恰恰是汉语学界还需要深思的。

提供这样的思想文化资源，旨在分享西方学者深入认知与解读欧洲经典的各种方式与问题意识，引领中国读者进一步思索传统与现代、古典文化与当代处境的复杂关系，进而为汉语学界重返中国经典研究、回应西方的经典重建做好更坚实的准备，为文化之间的平等对话创造可能性的条件。

是为序。

姜丹丹（Dandan Jiang）

何乏笔（Fabian Heubel）

2012 年 7 月

目　录

前　言

如果我们一开始就确定这一研究的形而上学目标,那它就会立刻变得晦涩难懂:它是一堂关于休憩的哲学预备课。但是,正如我们从一开始将要看到的那样,一门关于休憩的哲学并非一门关于彻底休憩的哲学。一名哲学家不可能气定神闲地寻找静(quiétude)。他需要一些形而上学的证据,以便把休憩作为思想的一种权利来接受。他需要各式各样的经验与长时间的讨论,以便把休憩作为流变(devenir)的诸因素之一加以接受。因此,读者应该会原谅这样一本不走寻常路的书,其特点是略去了那些老掉牙的建议和为人熟知的例子,以便直截了当地表明这样的信念,即休憩处于存在(être)的核心,我们应当在自己存在的深处感受它,因为它深深融入了我们存在的流变之中,甚至悄然融入了时间现实的层次之中，我们的意识和我们本身依托的就是这种现实。

但是，当读者原谅了哲学家的乏味之后，他还将面对另外一种幻灭。实际上，我们在这本著作中没有描述通往静谧生活的远景。假如要这样做的话，我们就需要连篇累牍的文字和一门完整的激情心理学，而我们早已对其失去研究兴趣，因为从专业性上说我们应该对其加以拒斥。因此，我们要利用这一幸福时代，在其中，人回归了自我并更多思考的是无为(inaction)，而不是为外部的社会需求服务。我们把一切与远离尘世、离群索居、道德的孤独有关的研究都放在了一边，因为它们太过浅显。但愿每个人按照自己的想法迈出通往西罗亚池，甚至通往人类源头的第一步！但愿每个人以自己的方式摆脱那些无关紧要的、让他失去自我的情绪！哲学家正是应该在人的非个人的那部分中发现休憩的区域、休憩的理由，并用这些东西创建一门关于休憩的哲学体系。通过哲学思考，存在将从生命冲动中被解救出来，因为这种冲动将其带离了自己的目标，使其在模仿行动中被虚耗。被视为思辨功能的理智在我们看来似乎是一种创造和强化休闲娱乐的功能。纯粹的意识在我们看来似乎是一种期待与警戒的力量，似乎是一种自由与无为的意志。

*

我们就这样自然而然走上了对精神的那些否定力量的观察之路。我们第一时间对这种否定的源头进行了勘察，意识到精神可能与生活相抵触、与痼习相对立，并在某种程度上让时间倒流，以便让生命再生（rénovations）并回到最初的状况。为什么我们不认为时间的否定行动和肯定行动都很重要呢？因为我们打算尽可能快地直奔问题的形而上学中心，因此需要确立一种绵延中的存在的辩证法。然而，当我们想通过沉思把已经度过的时间从它的满溢（trop-plein）中清空，把时间现象的不同方面系列化，我们既意识到这些现象并不都以同样的方式绵延，还意识到关于一种唯一时间的观念，即把我们的心灵与事物一起带走并且永不回头的时间观念只能与一种整体观点相对应，然而，这种整体观反映不出现象的时间多样性。如若有一名植物学家把自己的科学囿于述说每种花都会凋零，那么他可能就是在创建自己的学说时不断重复"一切在消失，时间在飞逝"的哲学家可敬畏的对手。我们很快看到了，在这种事物的消失与不可见的时间流逝之间没有任何同步关系，并且必须要按照一种合适的节奏、用一种特殊的观点来研究每一种时间现象。把现象学置于语境中，从它的任何方面，但只从同一个方面来观察，我们会看到它总是包含事件与间隔的双重性。简言之，从现象学发展过程的细节中，我们总是能真切地看到一种布满空隙的绵延。

从形而上学的角度确立——与柏格森关于连续性的论点相反——绵延之中存在的这些空隙，应该是我们的首要任务。因此，我们需要从讨论柏格森关于虚无思想的著名论述开始，并着手为从存在到虚无和从虚无到存在之间的过渡重建平衡。对于建立休憩与行动的交替来说，这是必不可少的基础。

在我们看来，这一讨论并非徒劳无益，因为在借助关于绵延的辩证法概念的同时，人们简化了由心理学的因果关系——或更确切地说，由心理学的诸因果关系——所引发问题的解决办法，正如我们在下面几章中所指明的那样。通过逐一对心理特征(psychisme)的序列层次进行观察，我们窥视到心理产物的非连续性。如果说有连续性，也永远不会出现在人们进行特殊观察的层面中。例如，理智动机的有效的“连续性”不存在于理智方面；人们猜想它存在于激情、本能和兴趣方面。心理的串接通常是一些假设。简言之，我们认为心理的连续性提出了一个问题，并且我们似乎无法否认把复杂的生命建立在复数的绵延基础之上的必然性，这些绵延既无相同的节奏，也无相同的次序中的稳固，更无相同的持续力量。

*

当然,我们要把这样的信念传达给读者,即心理的连续性不是一种既定之物,而是一件作品,因此,我们要做的就是指明一种绵延如何构成,不同属性存在的永久性如何被建立。

这一艰巨的任务得到了许多学说的支持。我们首先借助的是一门活生生的理论,这一理论是我们在去勃艮第的路上和在葡萄园中学到的。面对这片被人类改变了面貌的土地,胡奈尔(Gaston Roupnel)让我们明白了事物与时间的缓慢磨合,以及空间与时间的相互影响。被耕种的平原为我们描绘了不同的绵延画面,这些画面与空间的不同形象一样清晰;它给我们展示了人类劳作的节奏。犁沟是劳动的时间轴,晚间的休憩是田地的边沿。用一种从连续和有规则的波浪中流淌出来的绵延,来描述这些时间的鬼斧神工,未免太过苍白!作为时间效率的基础,节奏的概念应该显得真实得多!

胡奈尔还能从过去的历史角度给我们指明什么会留下来、什么会持续下去吗?只有这才有理由重新开始。因此,除了事物的绵延以外还有理性的绵延。总是如此:每种真正的绵延基本上是同质多晶的;时间的真实作用要求有大量巧合与所有节奏所产生的力的谐振。我们将是被精心打造的存在，生活在一种非常有保障的休憩之中，只要我们知道按自己的节奏生活，并知道遵从我们的意愿，在稍微感觉到累的时候和略感失望的时候，重新找到我们原始的冲动。这就是美丽的西罗亚池神话所阐明的东西，它告诉我们以前的心灵如何理性、自愿而勇敢地恢复。我们早已在一本专著①中研究过这一神话，所以没必要再回过头讨论它；但它如此深地影响了我们的思想，以至于我们必须在这部新作的开篇提及它。

如果最能持续的东西是最能重新开启自我的东西，那么我们就这样在自己的道路上找到了节奏概念作为基本的时间概念。于是，我们便同意提出一个表面上悖谬的观点。但是，我们将努力使之被认可。这就是，绵延的一切现象皆由节奏构成，这些节奏并非一定要建立在一种整齐划一和极有规律的时间基础上。在引用了包含在伊曼纽尔（Maurice Emanuel）、朗德里（Lionel Landry）和赛尔凡（Pius Servien）的书中的一些具有教育意义的内容后，我们才得以在这一点上写出几页详实的文字。确切说，我们之所以选择这些书来支持一种形而上学的观点，是因为它们没有任何形而上学的目标。我们似乎觉得它们可以更自然地帮助我们整理出时间现象的

① 《瞬间的直觉》（*L'intuition de l'instant*），胡奈尔的西罗亚池研究，Stock 出版，1932 年。

连续性特点，这一特点本质上看是隐喻式的。为了持续下去，就必须把自己交给节奏，也就是说交给由瞬时组成的体系。例外的事件应该在我们身上找到共鸣，以便让我们印象更深刻。我们敢把“生活就是和谐”这种平庸的东西最终变成真理。如若没有和谐，没有明确的辩证法，没有节奏，任何生活与思想都不可能稳定而清晰：休憩是一种幸福的震颤。

最后，我们几年前听说有一部重要的尚未上市的作品。它有一个很响亮且具有暗示性的名字：《节奏分析》①。我们在应用了这一分析之后确信，在心理学上存在着一种节奏分析的可能性，就像人们进行精神分析一样。必须通过一种有节奏的生活、有节奏的思想、有节奏的劳作与休憩来治愈受伤的心灵，特别是受时间与忧郁之苦的心灵。首先要让心灵摆脱一些虚假的永久性、一些糟糕的绵延，并从时间上将心灵扰乱。在诺瓦利斯(Novalis)、里克特(Jean-Paul Richter)、拉瓦特尔(Lavater)时代流行扰乱固定不变的心理的做法，也就是说要改变那些无病呻吟和多愁善感的心理状态，以便过上有品质、有道德的生活②。

---

① 桑托斯(Lucio Alberto Peinheiro Dos Santos)，巴西港口大学教授，《节奏分析》(*La Rythmanalyse*)，里约热内卢哲学与心理学协会(Société de Psychologie et de Philosophie de Rio de Janeiro)出版，1931年。

② 例如请看斯邦雷(M. Spenlé)关于诺瓦利斯的博士论文，因为诺瓦利斯强调“破坏”的哲学与道德价值。

但是，这种在感情层面上进行的扰乱对我们来说太粗俗了。在这里，我们依旧试图更进一步地探讨有关否定性的哲学，并把我们的离解（dissociation）努力一直延伸到时间的织构（tissu temporel），让蹩脚的节奏消失，让生硬的节奏变得柔和，让太萎靡的节奏振奋，在流变的谐振中寻找存在的综合，最后让受精神自由之天籁铃声影响而悄然产生波动的整个生命充满活力。我们有时在罕有的幸福时刻找到了更自然、更简单、更平缓的节奏。我们做完这些节奏分析之后觉得非常平静。我们的休憩在经历这些精确调节的不同时光时显得轻松愉快、超凡脱俗并充满诗情画意。由于我们可怜而抽象的文化很难让我们适应这些不安，因此我们似乎觉得节奏分析的沉思给我们带来了一种诗歌愉悦的哲学回音。突然，我们在纯思与纯诗间找到了波德莱尔式的通感、过渡和协调。我们不仅能从一个感官转移到另一个感官，而且能从这些感官进入心灵。因此，诗难道不是存在(être)的一次偶然、一个细节、一种消遣吗？它可能是创造进化论的原则本身吗？人可能有一种诗的命运吗？他们在大地上或许是为了赞颂喜与悲的辩证法吗？这里有一系列我们没有能力回答的问题。因此，我们把自己的任务减到最少，并且在短小精悍的最后一章中，我们综述了桑托斯作品中最精辟的观点，并把它们朝一门观念论哲学的方向稍加引导，在这一哲学中思想与歌的节奏逐渐支配了事物的节奏。

第一章
放松与虚无

“啊！谁能告诉我，我的整个人格是如何穿越生存而被保留了下来，并且是什么东西把惰性的、精力充沛且聪明机智的我从虚无的一边挪到了另一边呢？”

保尔·瓦莱里，A. B. C.

一

柏格森的哲学是一门论述满(plein)的哲学，其心理学是一门论述实(plénitude)的心理学。这种心理学如此丰富、如此细腻、如此灵动，以至于它不可能自相矛盾；它给休憩以活动、给功能以永久性；它准备了一系列的补充，这些补充使得心理的舞台永远不可能为空，并且也是取得成功的保障。在这种情况下,生命不会忌惮一次彻底失败。如果智识变得模糊,本能就会苏醒。人自己因为太依赖智识而冒着很大的风险,但他至少保留了足够的本能,以在无知与错误当中支撑下去。人在两个明智的决定之间如梦游者一样坚定前行。当他不知道去哪里时,当他依赖让其同类无法自制的生命冲动时,当他摆脱个人孤独时,他反而会走得更快。因此,我们的生命是那么的满,以至于当我们什么也不做的时候,它依然在活动。从某种程度上说,在我们后面总有某种东西,我们生命背后的生命,我们的驱动(impulsions)之下的生命冲动。我们的整个过去也在我们的现在之后保持着清醒的状态,这是因为自我是古老、深邃、丰富和饱满的,他拥有一种真正真实的行动。他的独特性来自他的起源。他就是记忆,而非新发现。我们与自己相通相连,我们现在的行动不可能是不连贯和无缘无故的;行动应该一直在表达我们的自我,如同质量是实体的表达一样。从这一关系看,柏格森主义拥有任何实体论的简易性,拥有任何内在性学说的自如与魅力。

或许,柏格森禁止把过去纳入物质(matière)的范畴,但他毕竟还是把现在纳入了过去。因此,心灵在其现象的流动背后表现得像一种东西;它真的无法与其流动性相提并论。可是,被人们指责为活动论的柏格森主义却没有在绵延的流动性中稳定下来。它在过去与未来之间预置了一种结合、一种绵延的粘滞性，以至于过去成了现在的实体，或者换言之，现在时刻永远只是过去的现象。因此，在柏格森心理学中，饱满、深邃、连续而丰富的绵延扮演着精神实体的角色。在任何情况下，心灵都不可能脱离时间；如同世上的幸福之人一样，它一直被自己拥有的东西所拥有。停止流动就等于停止生存；人在下了世界这趟火车之时，就等于抛弃了生命。静止不动就等于死亡。因此，人们相信能与心灵的实体概念决裂，并且人们在无法摧毁的绵延中星夜兼程地打造内在的存在（être intime）。会思考的实体的连续性不再只是时间实体的连续性。时间是活生生的，且生命是时间的。在柏格森之前，人们从来没有如此严谨地把存在（être）与流变（devenir）画上等号。

可是，正如我们后来将看到的那样，对于柏格森主义而言，流变的创造价值被基本的连续性这一事实本身所限制。必须把时间留给时间以便让它做自己的事情。尤其是，现在什么也不能做。因为现在在实现过去，就像学生在完成老师布置的作业一样，现在什么也不能创造。它不可能在存在上增加一些存在。在这一点上，柏格森主义是循着对满的直觉而发展起来的。对于这个流派来说，辩证法是从存在直接到存在，而没有让虚无介入。扬克列维奇（Jankélévitch）正好曾经建议把有关虚无思想的著名论断置于柏格森哲学的基础之上。人们知道，对于柏格森而言，有关虚无的概念比有关存在的概念更为丰富，原因很简单：前者只通过给不同功能增加一个额外的毁灭功能来介入并明朗化，我们是用这些不同功能提出和描述存在的。因此，柏格森认为，虚无的概念从功能上讲比存在的概念要丰富。所以，据我们对存在概念的认知，任何实体都不可能有空隙，任何曲调都不可能被一种绝对的沉默打断。人们所认识的实体必须一直表达自己。考虑到有一种否定赋予的精妙学说的存在，人类的行动与思想的所有可能性在某种程度上必然会变成被仔细思考的实体的属性。实际上，人们后来最终否定一种首先赋予实体的品质了吗？我们于是要表达的是我们的失望，而不是实体的一种缺损。这样被视为可能性总和的实体是取之不尽的。作为可能（le possible）的可能从来就不会失败，因为不管是什么样的成功与失败，它都是可能的，并且同样，作为被仔细度量过的或然（le probable）仍然可能一直保留其确切价值。因此，可能与或然有一种完美的连续性，并且它们在这一点上确实是实体的精神属性，正如这种出现在有关认知（connaissance）问题的分析中的实体那样。

如果人们小心地置身于对存在认知的唯心主义领域中，而不想匆忙来到本体论的领域中的话，那人们就会更好地理解柏格森精妙批判的影响（portée）。那么，人们将会看到或然判断的全部重要性。从这些视角看，可能（le possible）是一种纪念和希望。这就是人们从前所熟知的和现在希望重新找到的东西。因此，堵住存在的空隙或至少纠正在对存在的认知中的非连续性的做法是适宜的。并且，从未中断过的精神与事物之间的对话就这样在酝酿之中，让我们通过直觉在我们身上感觉到实体的连续的纬线（la trame）就这样在形成中，尽管外部经验充满着矛盾。我之所以不了解真实的事，是因为我被真实本身留在我心中的记忆所淹没，是因为我回归了自我。对柏格森而言，在内在的认知和外在的认知的交替中不存在任何漂浮不定、任何游戏、任何中断。我行动或我思考；我是物或哲学家。并且历经这种矛盾本身的我是连续不断的。

依据柏格森的观点，关于心理强度减弱的心理学和关于毁灭的心理学可能引起同样的注意，因为对一种在减弱但始终可与自己相比的强度的这种印象，和人们有关绝对虚无的观念一样，既是假的，又是迷惑人的。对柏格森来说，减弱一直意味着改变本质。因此，精神实体有着无限多个属性（attributs）和大量不同的差异，并且赋予（attribution）的所有程度都有一种无差别的赋予力量。心理学分析所展现的魅力立刻就会站到心灵的丰富多彩的行列。心理学家把自己仔细分析的情绪（émotion）视为我们感情（sentiments）的固有值。对他来说，细微的差异就是一种颜色。于是人们就觉得,柏格森式的心灵不可能中断感觉与思考,并且感情与观念(idées)在心灵的表面不断更新,并在绵延的波涛中闪烁,如阳光照耀下的河流。

一些相对立的东西的补充性仍有可能强化我们对柏格森心理学的这种饱满的印象。一种形式的缺席不仅自己是一种不同形式的在场,而且一种功能的失灵一定会带动另外一种功能的运转,后者会采用与从前业已失败的原始手段(procédés)相反的手段。没有这种即时的纠正(一个功能被另外一种功能纠正),存在似乎就不再对自己有用。一次重大的失败也许就会把存在撕裂并终止其流变,而这种流变与存在完全是相互依赖的。因此,失败应该是部分的、表面的和可纠正的。它不应该阻止存在的连续和巨大的成功。这种成功,确切说这种形而上学的成功是那么的确定,以至于在一条道路上的失败很容易被在另外一条道路上的成功所补偿。在生命冲动的总体理论中有着一整套关于本体论补偿的学说,该学说认为个人,特别是某一类人做再糟糕的事情也是正当的。没有任何东西比这一观念更带有柏格森主义的色彩了,即为达目的可以不择手段。这种方法的多样性赋予任何尝试、任何研究和任何好奇心以一种可靠的肯定价值。生命的风险从来就不是绝对和无条件的。柏格森曾经对源于智识的风险进行过精辟分析,他一直都明确说,通过依靠过去就如同依靠一笔雄厚的资金一样,通过想找到休憩、安全与安宁的渴望,这一风险在环境的压力下,在为生活的奋斗中与存在(être)想给自己更多绵延的秘密抱负周旋;他一直主张说,在智识的背后,本能起着保护作用。本能可能会突然终结,而麻木则会出现。可以说这是一种处于警戒状态的麻木,它是心理的一种正面功能,可让存在处于等待状态而不会毁灭它。或许,回到生命冲动的大胆说法之后,柏格森就确切地指出,最大的成功在最大的风险一边,但他再一次强调,风险有一种因,风险有一个目的,风险有一种功能,就等于说它有一段历史、一种发展、一种逻辑、一千种先验的与理性的保证。

这些保证构成了最富冒险色彩的生命的连续性。人们看到,所有这些论点并没有触及风险的形而上学的本质,并且哲学家没有论述过以下事项:关于风险变为风险、绝对的百分之百的风险、没有目的与理由的风险、这种引导我们毁掉自己的安全与幸福以及爱的奇怪而令人激动的游戏、把我们引向危险和新奇以及死亡与虚无的眩晕。因此,关于生命冲动的哲学没有能够把它的全部意义赋予这样的东西,我们将称之为存在的纯粹本体论的成功,也就是说没有赋予存在通过自身的更新所进行的创造,这种创造是在以完全无动机的形式表现出来的意识的精神行为中进行的,它是对自杀呼唤的抵抗,是对虚无的诱惑的战胜。柏格森主义有条不紊地被置于物种的进化之前;个体的自由行为在物种的总体进化中被排除,可是柏格森主义曾经比任何其他学派都更好地指明这一行为的意义与地位。最终,柏格森主义中的自由行为似乎缺少这种纯粹理智的因果关系,这种因果关系虽然连接但不强迫;剩下一种偶然(accident)。于是,关于有创造性的演变的观点排除了一切与毁灭的意志、与为斗争而斗争相符合的东西,该观点对这种纯粹的生物的、悄然却持之以恒的漫长演变非常了解。它首先赋予存在一种成长连续体,赋予物种一种通过种子而延续的生命、赋予活人的命运一种不可能停顿的冲动,因为一次中断肯定更能摧毁一次冲动,而非一个东西。因此,柏格森的思想一直并处处受到同一基本观念的指导:存在、运动、空间、绵延不能接受空隙(lancunes);它们不可以被虚无、休憩、点、即时所否定,因为这些否定注定是间接的、口头上的,以及虚假的、昙花一现的。

总之,无论是在对绵延的直觉之中,还是在对存在的设想之中,抑或是在对我们的功能的使用之中,我们都被交给了一种即时和深层的连续性,这种连续性只能从表面上、从外部、从形式上被声称能描绘它的语言所打断。非连续性、分割、否定只是作为一些方法,以便简化一种陈列;从心理学上看,它们是在被表达的思想中,而非在心理特征自身中。柏格森没有试图在实存(l'existence)的层面上,甚至没有在直觉和深层的认知层面上让辩证法起作用；他曾经相信辩证法超越不了心灵与真实（le réel）的对话，并且相信从事物（choses）到我（moi）的经验是一套同质性的物象（images）。

因此人们简单地认为，在柏格森主义中非存在（non-être）与存在（être）之间的关系是形而上学的。我们现在就来看看这种主义在这一特殊点上所作的批评。因为每门批评都有自己的专门称谓，就柏格森主义而言，我们接受这一学说中全部的东西，但连续性除外。更确切说，我们认为连续性——或一些连续性——可以作为心理特点而出现，但我们不可能把这些特点视为已完成的、牢固的和恒定的。我们必须建构它们。我们必须支持它们，目的是让绵延的连续性不是作为一种即时的既定之物，而是作为一个问题（problème）出现在我们面前。于是，我们试着发展一种非连续的柏格森主义，通过指明算术化柏格森的绵延的必然性，以便给它更多的流动性、更多的数量、在相互对应中更高的准确度，这种相互对应是思想的各种现象带着真实的量子特性所呈现出的。

二

我们也许会按照推论的顺序，甚至首先从柏格森式的证据方面开始的我们的批评，然后过渡到正面的心理学的考察；

我们将思考柏格森主义是否正确看待了心理学的否定主义、强制与抑制。当我们这样对毁灭心理学加深了解之后，我们将试图建立起这样的主张，即毁灭心理学是以虚无为界限的，正如同质量鉴定以实体作为支撑。从功能的观点看，我们将看到没有什么比逼近临界和让功能放松、休憩、不再发挥作用再正常和必要不过的了，因为很显然，功能的运转应该经常被打断。于是我们将会感觉到，我们有必要把否定的原则一直逆推到时间现实本身。我们将看到甚至在被经历的、积极的、创造性的绵延之中都存在着重要的异质性，并且我们还会看到，为了更好地了解和使用时间，必须激活创造与毁灭、劳动与休憩的节奏。只有懒惰(paresse)是同质的；只有通过再征服才能留住，只有通过再夺取才能保持住。另外，单纯从方法论的角度看，拉近不同实体的辩证法与存在和非存在的基础辩证法是非常有意义的。因此，我们将把重点放在对这种辩证法的分析研究上，因为我们确信，并非是历史上的一次偶然把第一批古希腊哲人引到这一问题上来。纯粹的思想应该从拒绝生活开始。第一种清晰的思想就是关于虚无的思想。

从言语(discours)的层面上看，柏格森在其《创造进化论》中所捍卫的观点等于说真正的否定行动是不存在的，那么结果就是，否定词只有通过它们所否定的肯定词才能获得自己的意义，每个行动和每个经验都首先并注定会从正面表现出来。然而，我们相信，当人们表达这些词汇时，正如在行为语言活动中所做的那样，这种对正面的特别参照会破坏它们之间完美的相互关系。概念从经验中得来并接受行动的检验。人们正是在这一点上可以举例说，形容词 vide［空的］具有动词 vider［清空］的意思，与一种正面的行动相符合。那么，一种受过良好专业训练的直觉会得出这样的结论，即空仅仅是一种特殊物质的形象化的或已实现的消失，人们永远也不可能谈论对空的直接直觉。任何不在场可能因此是一次对离开(départ)的意识。总之，柏格森的观点就是如此。然而，如果人们真的只能清空他们首先发现是满的东西的话，那么反过来人们也只能填满他们首先发现是空的东西。要想使对满的研究变得清晰而丰富，那么这一研究必须或多或少是一种对填充的详尽叙述。简言之，在我们看来，在空到满之间似乎存在着一种完美的依赖关系。没有此，彼就不清楚，尤其是一个概念离开另一个之后就变得无法理解。如果有人拒绝我们对空虚的直觉，那么我们也就有权利拒绝对满的直觉。

柏格森最近对理智方法(méthodes intellectuelles)之易明性的反对意见并没有让我们信服①。我们是从另外一个更复

① 请看柏格森，《思想与运动》(*La pensée et le mouvant*)，第 40、41、42 页。

杂的角度,而不是从简单的对立角度来看直觉与智识之间的关系。我们看到它们通过相互合作不断发挥作用。人们在每个概念形成之初都有一些直觉:这些直觉是含混不清的,但人们却错误地认为它们是本能的和丰富的。在这些概念的相互关系的形成过程中确实存在着一些直觉:这些基本上是次要的直觉却更清晰——人们错误地认为它们是非本能的和贫乏的。我们来简短分析一下一种关于科学精神的心理,这一心理受"空虚"这一概念的困扰。他读过有关空的学说的悠久历史;他应用有关空的高难度技术,总是担心可能会发生小小纰漏;他知道关于空的概念是多么貌似有道理,因为在他认为能够定义物质的空时,他突然看到了这个空被辐射(la radiation)所充满。因此,他比任何人都懂得这样的一门理论,即从一个特殊角度看是空,但从另外一个角度去看就自动变成了满。但是,他并不满足于这种自动性(automatisme)。他预感到了一个新问题:他试图或将试图达到这种汇合了两种观点的空;他将试图把物质与辐射分开。从此,他有关空的概念就变得丰富而与众不同,并因此而变得可以理解了。因为没有任何学者会要求他对自己实验思想的清晰性先验地做出说明。他和推崇直觉的哲学家一样谨慎。他有同样的耐心。让他们两个的看法倾向一致,这就是我们要做的一切:正如柏格森所言,一门直觉哲学的前期需要有很长一段时间的沉思。

这种高难度的、必须经过学习和传授的沉思很像一种直觉推论法。这就是我们所需要的一切,它允许我们把对概念进行阐述的原初心理状态加到对这些概念的逻辑定义上。从此之后,在空与满的概念化之间就建立了平衡,并且我们能够把满与空这两个相反概念作为概述的要素而非出发点加以平衡。

当人们很想体验实现与毁灭之间的辩证摇摆时,在存在与虚无之间建立的相互关系自然是一样详细和推论的。如果我们声称依靠的是一种有逻辑的辩证法、一种即时的辩证法并且立刻把存在与虚无当作现成的东西,那我们就会受到柏格森批评的鞭笞。实际上,在两个被视为是两种现实的替代物的概念之间存在着一种令人震惊的失衡!显然,这种平衡的缺少难道不会以一种明显的方式爆发,因为虚无不是一种东西吗?难道休憩不是一种运动形式吗?存在是一种被视为实在的财产,是最坚实和最稳定的东西,这难道不也很明显吗?

可是我们不会让自己预先进行选择,并且我们会不断地提醒自己的对手也必须分阶段地确定存在。除了凭借经验之外,人们有什么权利肯定一个整体(un bloc)的存在;我们需要完整的本体论证据、存在的推衍证据、详细的本体论经验。我们想触摸伤口与手。存在的奇迹和复活的奇迹一样神奇。我们不会看到一个符号就相信是真实的,我们的对手们则不会因为一次失败而相信存在的毁灭。我们将从这种本体论化的要求出发,来搭建我们的论战主线。再说,我们相信由此可以提出真正专业的问题:感知是否从本质上讲就是有争议的?

三

当柏格森比较这两种判断时——这张桌子是白色的,这张桌子不是白色的——他一方面强调第一个判断的即时和肯定的特点,另一方面强调第二个判断的间接和否定的特点。因此,他是把第二个判断作为一种口头的辩论形式来看待,这一辩论注定在重要和决定性的直觉面前显得苍白无力。然而,在我们看来,所有的衡量标准必须改变,而且否定判断更有说服力。换言之,对我们而言,所有有效力的判断,也就是说所有凭良心的判断都是否定判断;这些判断是一场激烈辩论的决定性论据。这里说的不是重复桌子是白色的,而是要发现或让人发现桌子是白色的。如果人们用一个普通的例子来做心理测试的话,那么他们就不要指望获得成果,因为在该例子中被研究的印象并不能引发争论。因此,我们还是不要在这些苍白无力、一成不变的肯定中寻找例证了。让我们试着在精神的重要行为,即判断中抓住精神。

那么,你举一个发现性的判断?你发现了蓝色的大丽菊?

那么你肯定会说这种花毕竟还是一种大丽菊？这就等于承认你事先认为这种花不可能有这样的颜色。因此，你的发现性判断、你那令人惊讶与错愕的判断不比任何别的否定判断更直接和即时。它是基于一种相反的判断、一种拙劣和未经推理的信仰而做出的：没有蓝色的大丽菊……

现在你能否举一个肯定判断，这一判断对你来说代表着一种过去的认知？当然，如若这一判断不容置辩，那么它也只是一种心理行为；没有必要把它挂在嘴上整天念叨或者当作一些残缺的回忆。你不要忘了，我们在处理存在的证据，更确切地说是存在与自己本身的联系的一些证据；你是把存在，既是客观存在也是主观存在，把你的存在和你的整个理性都投入到了讨论之中。因为当你断然肯定之时，就会有讨论；你之所以花费一些精力和一点时间，是因为有某事或某人在妨碍你：有人在揭露你的谎言，而你则在否认。

可是，也许你是在孤独中思考，并且你的断言对你来说似乎是完美和无可挑剔的，是强有力和非常重要的？这就等于是你轻而易举地战胜了可能的对手，这个对手就是你想象出来的，目的一直是把最初的否定具体化。伽利略在被带回狱中并发誓放弃他的那些"谬论"之后自言自语说："可是它在转呀。"他在悲痛中、在被压制中自言自语，对失败耿耿于怀。但他全部的思想都在反抗以前那些对他的官方否定。

请你进入一名倔强孩子的内心，让他闭嘴，并让他发誓弃绝欲望，这种欲望将在抵抗和负面情绪的强化之下反过来变成温和而持久的肯定判断。他一直且只在心理上肯定曾经被否定的东西，只接受可以否定的东西。否定是真正的肯定判断形成的星云。

最后，也许有一种方法可以证明肯定判断的优先性，但该方法不太像是柏格森的，因为它以一种逻辑的必然性为基础：感知必须以肯定为开端，必须以肯定的形式来表现质朴和原初的印象。总之，这一论据等于抛弃了实证心理学和证据心理学。事实上，科学心理学不能乞灵于一种最初的印象，就像天文学不能依靠《创世记》那样。我们不是用最初的印象来思维的，我们不是用最初的感觉来爱的，我们不要不接受最初的和表示作为实体而存在的意志。儿童与我们之间有着和梦与行动之间同样的距离。总之，最初的思想令我们惊叹之处，也许是建立在预先的疑虑基础上的，因为这种疑虑那么有条理，因而显得更自然。对(le vrai)突然在错误(erreurs)的背景中出现；独特(le singulier)突现在了单调的底色上；欲望突现在冷漠的底子上；肯定(l'affirmatif)突现在否定的底子上。从肯定(l'affirmation)获得一种心理学的意义起，它就开始反对先前的否定或无知。它反对程度的高低取决于它所挑战的否定的数量与重要性。

简言之，肯定(l'affirmation)绝非正面认知的同义词。它绝没有实(plénitude)和肯定(assrance)的特权。人们错误地提出它是即时和原初的。当柏格森想通过本身就是满和完整的肯定价值来填充思想，以打破肯定判断与否定判断的辩证法时，我们就无法再跟上他了。我们可能从相反的、意想不到的方向打破这一平衡，而不是说我们真的对现在的任何认知持否定态度。实际上，心理活动必须在其活动和满潮中，而不是在其一直是假设和微弱的源头中被掌握。任何在其构建中被掌握的认知都是一种值得辩论的认知；认知为了给自己的构建腾出空间，首先必须遭到摧毁。毁灭往往是彻底的，而构建则是永远完不成的。一种感知的唯一清晰的肯定性是在必要的校正意识中、在强加一种观念的快乐中被掌握。我们甚至不用触及感知的辩论原则，关于暗示、说服、友好讨论的完整的心理学可以给我们展示(montrer)辩证思想温和且更和缓的相同波动(ondulations)。这里还必须耐心地为正面和清晰的思想搭建一个模糊的背景。叔本华非常聪明地注意到了这一点①："要让另外一个人接受我们的反对意见，没有任何东西比这句话更合适了：我曾经也这么认为，可是……等等。"人

---

① 叔本华，《哲学与自然科学》(*Philosophie et science de la nature*)，Dietrich 译，第 145 页。

们假装接受是为了更有力地反对；人们"串联起来"是为了排除偶然事件的发生。这里存在一种连续的行为，这一连续性有力地反衬了实际的间断性。再者，一种肯定判断是掩饰性的，这难道不是心理上的否定论（négativisme）最大的成功吗？赋予肯定判断完全的肯定意义就是上当受骗，就是模仿数学老师那造诣很深的无知，因为他在那些引导他得出荒谬结论的假设中临时表达了一下信念。

最后，我们有另外一种相当悖谬的方式来反驳柏格森的观点，这就是将它普遍化。事实上，柏格森为了说明虚无的这种特殊思想，提议引入一种毁灭性的思想，这一做法在我们看来似乎适用于所有的概念。我们只有通过描述一个特殊概念的概念化过程才能更好地确定这一概念的心理意义。然而，这种概念化就是我们的拒绝与同意构成的历史。概念应该带着一切我们拒绝加入其中的东西的痕迹。一般而言，在概念化之初，必须擦除现象模糊不清和变幻不定的色彩，以便画上那些永恒的笔触。任何确切的认知都会导致对表象的毁灭、对现象的等级化，并会从某种程度上给这些现象定出真实系数（coefficients de réalité），或者，如果人们更喜欢的话，定出它们的不真实系数（coefficients d'irréalité）。因此，人们就这样用否定的手法来分析真实。思考就是对某些经验的抽象化，就是自愿把它们沉入虚无的阴影之中。如果有人反对我们说，这些被抹去的正面经验毕竟还是存在的，我们会反驳道，它们虽然存在，但并没在我们的现实认知中扮演任何角色。于是我们将从功能的角度再审视这一问题。我们将看到，只有简单地从功能的而非本体论的角度看，作为肯定与否定判断的分类（classification）才具有一种真正的心理学价值。

四

当然，概念只有被纳入一种判断中时才有意义。这正是现代心理学大力推广的一门理论；我们只需要从中得出形而上学的结论即可。如同瓦尔（M. Jean Wahl）[①]精辟阐述的那样："随着精神越来越细化，事实会被它转化成因素。"人们不知道通过何种概念的逻辑分级来随便把一些简单而非常清晰的概念置于一种静止的苍穹之中，在这些概念中最重要的是关于*存在*（l'Être）的概念。精确的要求并不满足于一种即时的清晰。概念在被应用和变成思想的因素时会增多，会多样化。我们甚至没有存在自身到底是何物的证据；我们只是通过很多对其品质不同的、动态的和被纠正的描述而接受了它。因此，*存在*之物心理学上应该*流变*。人们在思考存在的时候

① 让·瓦尔，《迈向具体》（*Vers le concret*），第 176 页。

不可能不把它与认知上的流变联系起来。从总体上被把握、被思考的存在应该是流变的一个因素。我们将试着指明这个功能因素在行动的中心、在动词(verbe)的中心的作用。

因为我们的思想既表达现实的行动也表达潜在的行动，所以它在做决定的那一刻达到了极点。尤其是，在支配行动的思想和行动的实际展开之间不存在任何同时性(synchronisme)。因此，在做决定的时刻是一种行动的收紧(resserrement)，同时构成这一行动的统一和绝对。动作(geste)将尽可能结束，它相信自己属于一些不受监视的低级机制；对时间性的行为(comportement)来说最重要的是开始这个动作——更确切说，允许这一动作开始。任何行动都是我们在这种许可之后的行动。然而，这种完全按照一种可能性的实现而设定的许可，即行动的反映，是在一种比真实的行动更轻松的环境中发展的。实现比现实更透明。于是，在已度过的时间之上存在着被思考的时间。后者更飘忽、更自由、更容易被打断和重启。存在的创造就处于这种被数学化的时间当中。正是在这一时间当中一件事变成了一个因素。人们在定性这一时间时错误地认为它是抽象的，因为正是在这一时间当中思想开始行动并准备着对存在的具体化。

但是，对行动的许可比行动本身更容易被集中。因此，我们提议首先把一种判断所说出的关系集中在动词上，而不是在谓语和主语中寻找它们的根源。请相信我们，我们在这一点上是忠实于柏格森教导的[①]。我们接下来会在动词的中心提出把整个行动重新引向它的决定和统一的方面，人们可以假定这一方面是暂时的，如果他们要把它与实际的、缓慢的和多样性的发展相比较的话。在这一点上，我们为了一种瞬时的等级而打破柏格森的连续性。因此，语言的根源远远不在事物的空间方面，而对于我们来说，它是在我们行动的有秩序和时间方面汲取自己真正的精神功能。它是我们喜好之表达。我们随后将会强调精神生命的组织能力，为此我们将根据瓦雷里的建议强调"绵延的微妙艺术、时间以及时间的分配与统治——它在精心选择的东西上的耗费，以便专门强化它们"[②]。我们将会看到，我们绵延的结构严密(cohésion)是由我们所选择的逻辑严密(cohérence)、由协调我们喜好的体系构成的。但是，我们只有在弄清楚行动许可的概念本质之后才能作出详述，这样才会有意义。这一许可通过是与非的辩证法和动词联系在了一起。它似乎是附加上的，好像附属于整个内在性学说，这一学说声称触及一种有必要与生命同步

---

① 参考柯瓦雷(Koyré)，《黑格尔在耶拿》("Hegel à Iéna")，《宗教历史与哲学杂志》(*Revue d'histoire et de philosophie religieuses*)，1935 年，第 445 页。"与千年哲学传统相反，黑格尔不是用名词而是用动词思维。"

② 保尔·瓦莱里，《戴斯特先生》(*Monsieur Teste*)，第 28 页。

的思想，这一思想根植于生命并与之同行。对肯定一种从生命中被解放出来、悬于生命之上且有可能中断生命的理论来说就不是这样。于是我们明白，任何判断都会被加以判断，而正是这种被加以判断准备并衡量着心理与生理的确切因果。特殊的决定指引着能思想的存在（l'être pensant）的演变。在判断层面上，肯定或否定的特点是一个附加的功能，且是一个重要功能。因此，最断然和最明确的判断是对害怕、疑虑和错误的征服（conquête）。它必然是次要的。正如冯·哈特曼（von Hartmann）①准确描述的那样："甚至要保持在目前状态中的意志都假设这种状态能终止，并且担心这种可能性会实现：我们在此找到了一个双重否定。如果没有停止这种想法，那么就不可能有继续下去的意志。"思想就是如此进步的：否对是，更重要的，是对否。一个对象（objet）的统一性（unité）本身是我们大家认可的结果，它的多样性（diversité）则是我们加以拒绝或产生分歧的结果。如果人们不在行动的统一性中把握一个客体（objet），那么他们就永远无法赋予其统一性，并且如果他们不增加该客体被纳入的行动的数量，并把这些行动看成彼此独立的话，那他们将永远无法使自己对一个客

① 冯·哈特曼，《无意识哲学》（*Philosophie de l'inconscient*），第一卷，Nolen 译，第 130 页。

体的认知多样化。对一种复杂行动的时间分析模式肯定是断续的。

实际上，要分析一次行动，没有其他办法可用，唯有重新开始这一行动，并且必须以"分解"的方式再开始，也就是说要列举和整理构成它的那些决定。再说，让一种组合行动的绵延扮演重要角色是难以实现的。为了更好理解动词而延长它们是徒劳无益的，因为这样一种延长绝无法触及动词的本质性角色。说一种行动在绵延，就等于一直拒绝描述它的细节。假如人们分析完一次持续的行动，他们会看到这一分析是用一些彼此分离的句子来表达的，这些句子主要被集中于那些极其细致而特殊的时刻之上。从这一角度看，复合行动不可能是邻接的，更不可能是连续的。分割思想的东西异于对空间中实物的摆弄(maniement)，它是在时间中对那些决定的碎片化(émiettement)。从当一次行动是自愿的起，从它是有意识的起，从它使用了储存的心理能量起，它就不能连续地进行下去。它被犹豫超越，它被等待、被延迟、被激起，同样多的细微差异证明它在一种辩证波动中的孤立与出现。之后，当需要把这些行动连在一起的时候，人们将会在该方面看到精神要高于生命；人们将会看到这样的必然性，在其中，生命为了自保而排除一切可能打断它的东西。于是人们将会承认功能的智慧。人们就这样在连续的功能的配合(accord)中，而不再在一种纯粹能量的带动中寻找生命的联接,他们很快就认识到了决定性时刻的秩序的现实。人们将会说,秩序并非在绵延之中,尽管绵延是对一种有用的、心理上有效秩序的确认(consécration)。也许,大家可以和柏格森一起接受这样的观点,即在空间中无序只是一种出乎预料的秩序,并且秩序与无序的辩证法没有空间基础。但是,时间上的无序会打乱生命与思想的细节与原则,我们将奇怪地死去。这一次,无序的确是一个事实;它是虚无的一个因素。为了思考、感觉和生活,我们必须在自己的行动中加入秩序,而要做到这一点,方法就是把那些与节奏类似的时刻黏合起来,把那些为表示一次生死攸关的确信而提出的理由统一起来。但这正是我们要仔细研究的一个点。从现在起,我们只酝酿我们与柏格森观点相对立的观点,因为他声称要把语言根植于固体(les solides)中,并把智识变成度量几何的学生。我们接下来将试着弄清秩序能赋予客观实在性的价值,因为秩序被视为最基础因素。因此,我们将从**审慎的行动**(action sage)方面来寻找连续性的原理。

五

一种行动不总是积极的,人们甚至可以在心理行动方面和心理功能领域找到一种辩证法，而这种辩证法仍然照搬存在与虚无的辩证法。

在审察这种功能辩证法之前，我们还有必要指出，在柏格森笔下，功能的不变行动（l'action constante）与存在的满（plein de l'être）相对应。

实际上，从心理学角度看，当人们读柏格森的作品时，会对其中为数不多的见解感到很吃惊，因为在这些见解之中的强制与禁止（la coercition et l'inhibition），可能提供分析所需要的某些因素。意志在其中一直是积极的，像叔本华一样，生存愿望（le vouloir vivre）在其中是持续的。这确实是一种冲动。存在欲创造运动。他不想创造休憩（repos）。

停止与失败无疑存在；在柏格森眼中，失败的原因总是来自外部。这就是与生命相反的物质，它压在纤细的生命之上，拖慢生命的步伐，或让它变得更艰难。万一生命能在某个领域中发展并能受到精华的滋养，它就能一下子成就自己的辉煌。因此，生命在遇到障碍物时，要么被撞得摧毁，要么就分散自己。它是一场斗争，在这场斗争中必须要运用计谋，并一直采取迂回战术。这种老谋深算的形象是与被繁重劳动压垮的智人（l'Homo faber）一起诞生的。

但对于我们而言，这种物质（matière）有着诸多常见的障碍。我们围着它团团转，我们试图理解它，我们为了理解这个世界而在自己的哲学思考中抛弃了它。因此，这种物质在柏格森主义中是否真的有足够的特点，以对应它那经常是自相矛盾的功能的多样性呢？看起来似乎并非如此。相反，人们觉得对柏格森来说，物质纯粹就等于物质所导致的失败。物质是我们消灭的，是我们失算和错误的实体(substance)。人们只会在失败之后，而从不会在此之前遇见它。它在劳累之后把休憩实体化，而从来不是把休憩精心建立在一种真实的平衡之上。

那么为何不在行动理由的矛盾中、在一种应该行动的功能的非功能中来理解失败本身呢？这样人们就可以得到一个重要的无序的例子，即一种时间的无序、一种精神无序的例子。

再说，只需要挖掘一下关于犹豫的心理学，就足以把是与非的脉络理清楚。生命与生命相对立，身体自己消耗自己，心灵自己侵蚀自己。并非物质造成障碍。事物仅仅为我们的欲望(tentation)提供机会；诱惑在我们身上，如同道德与理性的矛盾一样。害怕(crainte)也在我们身上，显然是在危险来临之前的害怕。人们如何在不害怕的情况下理解危险呢？最可怕的不安诞生于安宁本身。叔本华说，没有什么让我焦虑，似乎才是让我最焦虑的东西。为了看到易感性(affectivité)的波动，只需要将其非物质化一点就够了。

通过把适应(adaptation)的问题非物质化,人们将会得出一些相同的结论。事实上,应该在人类心理层面上来理解适应。我们在为了成为有理性和有学识的人的努力中看到,适应主要表现在一些与生命攸关的偶然事件(accidents)中。更确切说,这种适应是一种好奇的结果,是一种细心的结果,即意欲补全存在的和谐和在存在中创造多样性。正因为这一结果,好奇即时被冷落:存在想要改变。取得成功的人没有兴趣再继续留在成功之中。好奇变得迟钝而踯躅。然后,有一种想摧毁的需求和发现(某事)的喜悦产生对立,某种意义上属于相悖的好奇心。为了使诸多生物与生理特点变得清晰,我们只需要指出精神生命的这一否定方面。如同分散在生命中的死亡阴影一样,我们感到有同样多的阴暗点在我们身上标示着一切将要逝去的东西。我们知道精神分析学最近非常重视死亡的本能、恋尸癖与输的需要,因为后者赋予赌博的需要以一种新的、非常辩证的意义。

可是,如果所有这些心理学概念都显得次要和无效,如果人们看不到在存在的表面起作用的东西实际上在其本质上也产生影响,那么我们就保留着一个对于我们而言是决定性的论据。实际上,在生理学层面上,功能的不运转(non-fonctionnement)的必然性是如此明显、如此自然,以至于人们甚至都没有想到要强调它的存在。从能量的角度看,所有的功能都受制于行动门槛(seuils d'action)。人们徒劳地假设有一些弱化、休眠和潜藏的功能。简单的减速就已经是一种非连续性的信号！如果人们从处于复杂行动中的功能出发,那么他们应该看到,功能在减速的同时就完全放弃了它的一些特点。这种减速实际上是沿着由众多差异化(différenciation)的门槛组成的楼梯向下而行。在最下面的台阶处发挥重要作用的是再清晰不过的辩证法,即一切或什么都没的法则(loi),希维尔(Rivers)曾在自己论无意识的著作中详细论述了其重要性。

六

我们相信,上面那些简略的说明足以用来强调辩证法在心理现象中所扮演角色的重要性。但是,我们为什么要在一本关于形而上学的书中回顾这一辩证方面呢？因为这些辩证法,正如传统学派试图让人们相信的那样,不属于逻辑层面。它们属于时间层面。它们完全是接续(successions)的。一个功能不可能是持续不断的;它后面必须接一个不运行的时期,因为能量一经消耗就会减少。因此,我们必须一直使用有关接续的术语来定义在生活现象中捕捉到的行为的诸矛盾。

然而,术语间的差异是如此之大,以至于确切地说,接续是一种非连续性(discontinuité)。柏格森经常弱化这种差异，并且接续很快就作为一种融合和模糊的变化而出现。因此柏格森先验地把心理直觉视为一种连续的线条，他认为经验基本上是前后一致的，似乎经验永远都不可能自相矛盾并出现戏剧性的转变。[①]“一个纯粹并简单跟随经验之线走的智者……会看到事实接替事实、状态接替状态、事物接替事物。”自不待言，事物在事实之内继续存在，状态在流变之中继续存在。可是，怎么会看不到本质(essences)的孤立，这些本质在某种程度上被固定在了自己的量纲公式(formule de dimensions)周围！即使在最同质的思想的层面上，人也不可能通过连续的思想从一种本质到另一个本质。再一般而言，怎么会看不到外表和外形上的任何差别化都是绝对的间断性的符号(signe)呢，这样一来，表象的间断性立刻就成了间断性的表象(apparence)。

但柏格森在普遍的同质性(homogénéité)的直觉方面走得更远。正如我们在阐述柏格森有关连续性的观点时所说的那样，他承认在主体与客体这两个有区别的极之间有一种连续的交换运动，任何一个极的缺席就自动成了另外一个极的在场。只要我们想事情，就会停止想我们自己，同样，撇开事

---

① 柏格森，《创造进化论》(*L'évolution créatrice*)，第 318 页。

情，就必然会回到我们自身。那么，这就等于是预先假定思想是永恒的，是时间的实体。一种更注重功能、更强调现象论的观点不允许自己掩盖内倾(introversion)和客观思想的非常清晰的二重性。在功能层面上，在功能的交换中，间断性是最初被给定的。我们将以多种方式指明，把连续性的观念(idée de continuité)强加给接续的观念(idée de succession)是没有理由和依据的，这种做法无论如何都一直超越了物理和心理的经验领域。如果我们只在观察时才认真研究连续性的话，那我们会觉察到它仅以一种事实性的、滞后的和循环的方式出现。这只是一种迟缓的行动，它让人错误地以为是所谓的原始的连续性。但是，细致的经验和对精神无序的直觉把我们重新引向是与非的节奏，以及尝试过的、短暂的、被拒绝和重新开始的生活。也就是说，我们在实践中通过各种变换(transpositions)将发现，存在与虚无的基本辩证法是按照时间轴被陈列的。因此，柏格森这一本体论的和时间的说法的完整意思是：时间即犹豫。

七

把时间定性为一种先验的形式，就可以拯救时间的连续体(le continu)吗？这种方法从某种程度上说就等于从下面、在其虚空处将时间实体化,与柏格森的方法——用绵延从上面、在其“实”(plénitude)中将时间实体化——背道而驰。

我们很容易看到,直接作为形式的直觉是完全不可能的事。实际上,对时间流动的预见是根据记忆做出的,它的先验推理(*a priori*)作为一种逻辑必然性只能后验地(*a posteriori*)出现。事实上,康德曾在一次逻辑秩序的论证中建立了先验推理。这是一种分析结果,它一直受一个悬而未决的问题的困扰:事件(événement)与形式的合题是如何产生的?一个紧缩的因素是如何出现在这种半透明的环境中的呢?

于是我们认为应该给自己比简单的时间可能性多一点的东西,这种可能性具有一种先验推理形式的特点。我们通过对这两个观察(constatations)的分析找到了时间的交替:要么在这一刻什么也没有发生,要么在这一刻发生了某事。那么,时间作为可能性,作为虚无是连续的。时间作为存在则是间断的。换言之,我们是从时间的双重性而不是其单一性出发。我们的这种双重性是以功能为基础,而不是以存在为基础。当柏格森告诉我们辩证法只是直觉的放松时,我们就回答说这种放松对直觉的新生是必要的,并且直觉与放松在默想的层次上为我们提供了重要的时间交替的证明。

我们很清楚,被这样表述的辩证功能特别容易受到攻击,我们也会简短提到柏格森的批评。实际上,有人会反对我们说，在这种形式下虚无很显然仅仅是，正如柏格森希冀的那样，对人的一种期待的否定：说什么也没有发生，显然就等于说在以某种多少有点主观的方式所确定的事实的层面上没有发生任何事情。因此，柏格森的论据被更新。但我们总是会对这一反对给出同样的回答：在功能的秩序中，无(rien)并非另一回事(une autre chose)。当我们不回复一封让人不快的信时，我们在想什么就变得无关紧要了。在一个王国里，人们可以多增加一些高级官吏来值守，但也防止不了他们因打瞌睡而中断值守，也防止不了权威与无政府状态的交错出现；于是，根据自己是柏格森主义的批判者还是其颂扬者，根据自己在社会中是否为柏格森主义者，人们会说：君主制就是一种松散的统治，或者无政府是一种随时准备表现出来的权威。可是，人们必须一直承认，连续性是一种假设的连续性，它躲入潜在之中，与表现它的东西相异。

当然，人们将不满足于这一答案，他们想把时间实体化，并且想在衡量我们衰弱的空隙中塞进一些负责绵延的东西；他们将把我们引向可恶的空间王国；他们将向我们展示平静的、一动不动的和惰性的物质，这种物质一直在等待，它存在于一种平静的不朽之中。连续不断的柏格森主义将不知不觉地和不可避免地偏向一个意外的结果：物质比空间更确定地能填满时间。人们偷偷地用短语“在时间中绵延”代替了短语

“在空间中停留”，而且正是关于满(plein)的粗糙直觉，提供了对实(plénitude)的模糊印象。这就是在客观认识与主观认识之间建立连续性必须付出的代价。

从让具体的客观化复活——判断秩序、接续和绵延与一种现实关系的唯一方式——的那一刻开始，人们就意识到，这种客观化在辩证法的断续体中随着经验与相反的思考的忽动忽止而展开。在安全性与精确性之间有着一种辩证关系，人们可以称之为心理方面的不确定关系：你想确信在一种明确的客观化中找到一个客体并赋予它一种完全独立于你自己绵延的绝对而可持续的实存(existence)？你一定要把这一客体粗略定义为一个整体，定义为一种唯一功能的象征？那么，你也许可以说，你的帽子确实是挂在衣帽架上的，它就在上面，它在等着你戴着它出门。假如有人曾经偶然把它的位置挪动了，那你至少也可以在衣柜中找到它；没有任何固有的无序可以消灭它的存在，也不可能中断它的绵延。但是，你是想深究细节，精确建立对一种微小物质的科学认知，而不是对一个特殊客体的实用主义的认知？这次，你不得不想象一些经验，引发一些关系，让原子丰富多彩的世界充满活力。物质在你精准的动作下被摧毁，最后只能模糊地回应你的研究调查。它的确切存在也就变成了与你的个体存在一样的独特存在。主体与客体之间的巧合被原子化。这些巧合不会绵延。你发现微小而精细的物质不再总是为经验服务。你必须等到它产生自己的事件。你现在处于纯粹的等待之中，并且虚无不再是一种被欺骗的等待，缺席不再是一种移动。事实上，微观现象只在巧合的交点产生，而并不出现在整个过程中。在这些巧合之外没有位置给任何经验。

我们打算首先在微观现象的发展中认真观察这种虚空(vacuité)，并将它当作一个事实。然后，我们再向前迈一步：我们就把这种虚算作是事实吧，正如当代物理学把不确定性算作事实。我们想在这一点上遵从形而上学的审慎。事实上，当我们不断并随处看到不连续体(le discontinu)的时候，我们就不会认为自己有权让人接受连续体(le continu)；我们拒绝假设实体的满，既然它的任何特点都出现在其他(pointillé du divers)的点线中。无论被研究的事件系列是什么，我们都会看到这些事件都被一段什么也没有发生过的时间所包围。你愿意增加多少系列都可以，但什么也证明不了你达到了绵延的连续体(le continu de la durée)。假设这一连续体是不确切的，特别当人们记得数学集合的存在时，因为这些集合尽管是间断的，但却同时具有连续体那样的威力(puissance)。这样的一些集合在很多方面都可以代替连续的集合。再没有继续往前深入下去了。从心理学的角度看，人们可以在断续体中解释一切。再说，我们太经常把知(le connu)

加入未知(l'inconnu),因此,我们甚至没有权利总体化全部系列。确切说,我们的哲学义务是待在一个特殊系列事件之中,是寻找同质和可能的联系(liaisons),比如说把精神与精神直接连接起来,而不需要通过生物中介的联系。

那么,在一个特殊的方面,在一个特殊功能的水平上,毫无疑问,辩证而非连续性才是基本的图式(schème)。如希维尔所说,"两种对立反应的交替使它们对其中一个的抑制(l'inhibition)变得必不可少"①。换言之,功能的矛盾游戏是一种功能的必然性。一门论休憩的哲学应该了解这些双重性。它应该保持它们的平衡与节奏。一种特殊的活动应该包括被恰当置入的空隙,并且应该找到一种可以说和自己本身同质的矛盾。可以接受与自己相反的活动的休憩应该拒绝那些不协调的活动。但我们目前没有必要在这些结论上浪费精力。暂时还是来面对我们的时间问题吧。所以下面就是如何对我们所讨论过的关于存在与虚无的成果做一个总结。

心灵无论是困于其任何一个特点,还是困于其全部特点,都不会再继续感觉、思考、反思和期盼什么了。它不再继续存在。为何去更远处寻找虚无,为何在事物(choses)中寻找它呢?它就在我们身上,分散于我们的绵延之中,每时每刻都在

---

① 希维尔,《本能与无意识》(*L'instinct et l'inconscient*),译本,第 87 页。

摧残着我们的爱、我们的信仰、我们的意志、我们的思想。我们的时间犹豫是本体论的(ontologique)。在我们身上的有关虚无的正面经验,仅能为我们弄清楚关于接续的经验做出贡献。它事实上会教给我们一种完全异质的接续,这一接续清楚地被新奇、惊讶、断裂所标记,被空虚所切断。它会教给我们一门关于巧合的心理学。但是,关于时间的真正的心理学问题在哪里呢?在何处找寻时间的现实呢?它难道不属于这些代表巧合的结节吗?难道在接续法则中没有多样性吗?假如在接续法则中存在着多样性,那么如何不做出有一种绵延多样性的断定呢?

因此,在总结出一门关于时间的形而上学之前,我们必须考察一些特殊的绵延。我们首先要求助于纯心理学,求助于只是关于时间的心理学。然后,在观察因果关系的多样性的同时,我们将重新开始有关客观接续的问题。

第二章
时间现象心理学

一

雅内(Pierre Janet)认为,会(savoir)一直就是教(enseigner)。再说,人是否传授他的知识并不重要,因为人内心的想法本身就是“一种自言自语的方式、一种自我教育的方式”①。然而,不管教育的对象是什么,教育就等于为分开的行动提出了一个明确的秩序,它是通过宣布精心协调过的行动在客观上或在心理上的成功来做到的。这些行动是教育所允诺的,人们在期待它们的时候并没有对将之分段的间隔提出过分的

① 雅内,《记忆与时间概念的演变》(*L'évolution de la mémoire et de la notion de temps*),1928 年,第 22 页。[见《社会学经典作家》。]

要求，但毕竟还是提了一些，并且人们非常注意在间隔期间不让所允诺的行动受到任何干扰。这就是被模式化的轨迹（trajectoire），这一轨迹把教条的知识与已得到证明的清晰知识结合在一起，与真正得到意识肯定的知识结合在一起；这甚至就是真实教育所走的路（trajet）。

在这一方面，关于时间的知识自然没有利用任何特权。它不可能是即时的和本能的，或者它命中注定就是贫瘠和粗略的。为了丰富自己，这种知识如同其他的知识一样应该被讲述。因此，时间应该被传授，并且正是传授它的条件不仅构成我们经验的细节，而且也构成时间心理现象的阶段（phases）本身。时间是人们关于时间所知道的东西。因此，雅内非常明确地指出①："如果我们要谈论对时间的了解，就必须能够提供抵抗时间和使用时间的一些方式。"我们没有权利实现我们的无知，并仓促地把内在时间现象的发展建立在一种客观的纬线（trame）之上。事实上，我们的时间直觉太短暂、太模糊，为了我们过早放弃被思考和被教授的时间的高清晰性。最后，雅内所持观点乍看起来似乎很虚假，但仔细想一下却是哲学上一种非常严谨的标志。作为好的方法，人们不应该赋予自己谈论一种不可交流的认知的权利。

① 雅内，《记忆与时间概念的演变》，前揭，第 19 页。

再说，还必须注意，一位资深的心理学家在观察时间现象时所遇到的第一个特点就是具有绵延固有的双重性。事实上，从第一次体验起，时间对于雅内来说就是障碍或帮助；人们究竟应该抵抗它还是使用它，要根据他们是处于空洞的绵延之中，还是处在实现的时刻。从心理学的角度看，在时间现象前有一种双重行为是显而易见的。存在(L'être)交替着在时间中输赢；意识在其中被实现或遣散。因此，完全在现在身上感觉到时间、在一次即时直觉中传授时间几乎是不可能的。

绵延更不可能由被视为整体的我们的过去来直接传授给我们。人们在赞成雅内的观点时很快承认，实际上，如果没有一门以现在为基础的辩证法的支持的话，记忆是没有办法被传授的；人们只有把过去与现在在场的一个情感主题联系起来才能让过去重现。换言之，为了获得我们曾持续过的印象——一直是非常不确定的印象——我们必须像真实的事件一样重置我们的记忆于希望或焦虑环境之中、于一种辩证的波动之中。没有时间的这种震动，没有这种情感的呻吟，就没有记忆。回忆、讲述、吐露心声把无为时间的空再置入了在我们甚至认为是饱满的过去中；在我们不停回忆时，我们把无用和无效的时间与被利用和给出的时间混在了一起。只有当幸福与痛苦的辩证与时间的辩证相协调时，前者才会比以往更令人着迷。于是，人们知道是时间在取与给。人们突然意识到时间还将索取。重新经历已消失的时间，我们就是这样获知自己对死亡的焦虑。波里埃(René Poirier)用一段美妙而真实的文字让我们陡然意识到，在我们整个生命过程中存在着这些虚无与死亡的片段[①]："等待对我们来说是感受过去的借口。诚然，它是失落的欲望、愤怒和无能为力的感觉，但它更多的是被消耗时光的酸楚。它所使用的每一秒时光都变成了悔恨的主题。在活灵活现的过去与未来之间横亘着一片死亡的生命地带，并且懊悔和惋惜这样的感觉不再强烈了。因此，时间对于我们来说是感性的。它在焦虑和对死亡的思考中更是如此。不是因为某些痛楚或放弃而焦虑，而是因为担心什么也不再是，并且整个世界就这样被毁掉。谁没有这样想过，即感到有一种想法如利刃一样插入心中？它如此快地切割，以至于心都没有痛感；但它在深处却感受到了这种痛，它觉得自己衰竭了；因此，任何真正思考死亡的人不可能在不变得羸弱的情况下做到。这是一种短暂的想法，并且几乎是私密的，尖利得像燕子的叫声，或者像觊觎者所听到的奥德修斯手中弓箭的响声。这种想法只有在冷酷无情中，或在希望中才会逐渐消失。因为人可以容忍不再是自己，但谁能容忍

① 波里埃，《关于时空概念的几点论述》(*Essai sur quelques remarques des notions d'espace et de temps*)，第 64 页。

自己什么也不再是，如果他感受到了这种什么也不再是所带来的全部痛苦呢？如同一匹马在另一匹马的尸体旁打响鼻一样，心灵(âme)就这样在这种贫乏(dénuement)面前表达不满。"这样的一些沉思在教给我们时间可以打断的一切的同时，促使我们把时间确定为一系列中断(ruptures)。当我们预先非常强烈感到存在之衰弱(défaillances)时，我们确实不能再赋予时间一种同一形式的连续性了。

对错过的机会的后悔以一种更温和的方式，把时间的双重性(dualités temporelles)摆在我们面前。当我们想说我们的过去，想把我们自己的故事讲给别人听时，我们对曾经不知不觉生活于其中的绵延的思念，严重扰乱了我们作为历史学家的智识。我们想要讲述一个行为与生命的连续体。但我们的心灵没有留住我们对那个时代的忠实记忆，也没有记住这么多年我们所走过的路到底有多长；它只保留下了对事件的记忆，这些事件是在我们过去的一些关键时刻为我们创造的。在我们内心深处，所有这些事件被简化成了过去的一个时间点。因此，我们的个人历史只是对我们不连贯行为的叙述，并且在叙述这一历史时，我们声称是通过一些理由而非通过绵延赋予其连续性的。所以说，我们对自己过去的绵延的经验是建立在真正的理性轴线上的；如果没有这个构架，我们的绵延会坍塌。然后我们将会指出，记忆甚至不直接给我们时间秩序;它需要得到其他赋序(ordination)原则的支持。我们不应该混淆我们对过去的记忆和我们对绵延的记忆。正如雅内详细说明的那样,我们通过自己的过去,最多知道我们在时间中所开启的东西,或者在时间中碰撞过我们的东西。时间的动能和时间的流逝没有在我们的记忆中留下任何痕迹。了解我们自己,就等于是重新置身于这个由个人事件构成的尘埃之中。我们的人(personne)本身是建立在一组可靠的决定之上的。

对未来的绵延的认知会导致一些相同看法的出现;这种认知只有被传递才能被构建;它只有通过乞灵于雅内既低调又高深莫测的方法、只有通过用事先安排的行动和一直多少被系统化的行为来表现才能被传递。于是,隐隐约约看到的前途就是所许诺的行动之简单计划(programme)。从我们个人的前途中才能真正地思考我们的行动。不可能顺利获得一种被动的经验。我们之所以会面对障碍,常常是因为这些障碍会在我们身上引起反应;我们总是在未来时间的有效时刻中抓住它。因此,对未来的任何直觉是一种行动诺言,这一诺言并不考虑这些行动的绵延;这种直觉只限于想象这些活动时刻(instants actifs)的接续与秩序。预见未来就是通过忽略懒散、劳累、娱乐所需间隙来确定它的纬线;

预见未来就是通过承认心理上的因果关系是跳跃式向前的、通过跳过无用的绵延的方式隔离开它的**因果关系的中心**(centres de causalités),正如我们后来花更长时间所建立的那样。

人们想把理解一个过程和经历这个过程区分开,这是徒劳的:因为身处所谓的**经历一段时间**的事之中,人们必须辨别自己知道的和不知道的东西,因为使用这个表达,就意味着我们包含一种无声和即时的对绵延的认知。然而,人不会**经历**无知,就像不会看到黑暗一样。告诉我们"在我身上,我**感觉**时间在不间断流逝"的心理学家的心里话(confidence),只能通过对我们自己的参照来决定两种黑暗的接触、两种沉默的交响曲。这样一名心理学家对于我们来说,就像这些秘密的神秘携带者一样,他们允诺给我们一处宝藏,但却只给我们一本看不懂的藏宝图。不! 为了参照一种内在的经验,我们必须能够消除它的模糊性;我们必须多列举不同的事例。一旦心里话使自己变得独特,那么时间经验的偶然性就会出现,心理的凝聚中心就会相互分离。在细微的经验面前,微不足道的事件变得丰富了。

> ……可是现在,命运(Destin)在
> 逼近,并且四季(Heures)呼吸困难,

光阴(Temps)之沙变成了金色的颗粒[①]。

这是深入细致观察所具有的与众不同的特点，一种价值判断介入，这一判断阐明了简单的经验判断。如果不判断时间，就不可能了解时间。我们就是通过这种判断来建构行为(conduites)的，并且通过研究行为，我们才能真正对一门关于时间现象的心理学加以发挥。

二

一旦我们强调活动时刻的影响，我们会更好地理解结果的次要特点，这些结果可能多少在决定的后面拖拖拉拉。作为组成动作(actes)的绵延可以被延长或缩短，它们不会干预行为(conduites)的基本特点。它们与动作无关，它们仅仅是行为无关紧要、变化无常和没有数量客观性的后续。这种数量客观性的缺乏是一种基本相对论的符号。为什么把它变成人类理性的一种不足的标志、一种与其目标不相符的知识审查(examen intellectuel)方法的恶果(la rançon)呢？在一项非

---

① 爱伦·坡(E. POE)，诗，《波利希安》(*Politian*)，Mourey 译，第 109 页。

常清楚的计划(projet)中被认真研究过的一个行动(action)面前,作为组成部分的动作(actes)的秩序高于一切,而关于时间长度的想法则次之。合作(coopérations)一直可以缩短过长的执行时间。这些合作赋予时间一种新的、更深更丰富的维度(dimension),这一维度通过精心安排的巧合赋予即时的决定一种有效性。一段时间的心理长度与它实(plénitude)的程度之间甚至存在着一种相反的关系。一段时间越充实,则越显得短暂。人们应该在时间心理学中给这种看似平常的观察以重要地位。它可能是一个关键概念的基础。于是,人们可以看到,谈论丰富性和强度比谈论绵延更有优势。我们正好是用强度(densité)这一概念来衡量这些以小时计算的光阴,这些光阴努力做到很有节奏、有条不紊和四平八稳,它们给人一种正常时间的印象。我们正是在一种平静而积极的生活中,通过一种理性化的辩证法,把一段无活力的时期和一种构成不合理、不和谐和变化无常的休憩的长度,归诸这些有韵律的节奏。事实上,人们只有在觉得时间**太长**时才会给它找到一个**长度**。

因此,我们认为,行动(action)与无为(inaction)的节奏,与任何对时间的认知分不开。无用的辩证法必须在两个有用的和内容丰富的事件之间起作用。绵延只有在其复杂性中才会被感知。尽管它很贫乏,但至少与边缘(bornes)是相对立的。人们没有权利视之为一个形式相同的和简单的资料(donnée)。

但是,我们不想一下就能确信无疑。我们目前打算只保证我们的一个观点:就是从形而上学的角度讲,绵延是复杂的,且时间的那些决定性的中心是它的那些间断性。要推翻我们的观察,只说在这些表面的间断性下隐藏着一种自在的连续性是不够的。实际上,我们必须停留在意识的层面上。从此,间断的时间行为看起来是最简单的,而连续的时间行为则是最不自然的。

就这样,我们在从时间行为的角度观察这一问题的同时,会马上看到对时间的系统使用是很难被获得,很难被传授的。于是,人们明白我们经常满足于对时间模糊而笼统的认识。实际上,雅内把心理行为分成两个完全不同的组:主要行为和次要行为,并且他还指出,时间现象心理不可能立足于主要行为中[①]:"我不相信人们能找到与时间相关的主要行为……必须有某种新东西以适应时间,某种外加上去的东西。所以,还存在着我们称之为次要行为的东西。"因此,对绵延的任何使用都是一次艰难和随机的使用;这是一种风险。内在的绵延远非我们的不动产,它是我们的作品,它总是以一个集中于某

① 雅内,《记忆与时间概念的演变》,前揭,第53页。

个时刻的行动为先导。正是这种原始的行动必须首先基本准确地适应空间环境。我们必须把时间与事物相关联，以便使时间有效而真实。

有人会反驳我们说，一次即时的行动为了让自己被完成而会给自己留一段绵延的时间。但这是一种退化期的绵延，它对最初行为的命运没有兴趣，并且它把精力花费在了低等的节奏上，花在了纯粹的生理或身体的结果上。这种退化期的(catagénique)绵延与需要维持和增强的进化期的(anagénique)绵延没有任何共同之处。它确实不是行为的一个因素；在我们所处的生理学的层次上，它不扮演任何角色，可以被忽略。总之，这种减弱的、拖拉的和渐微的绵延不是一种行为；它不能被传授，所以人们的确也没有办法了解它。

因此，为了真正继续最初就与空间匹配的行为，必须做出新的努力并新增一个次要的行为。这就是我们认为应该强调的主要论据之一。而且我们在雅内的观点中还找到了一个新的支撑点。实际上，对他而言，努力是一种外加上去的现象，只有高等生物才能做到这一点。努力依赖于大脑，也就是说依赖于智识。**持续**(continuation)在反射层次上并不是自然的。大脑在带来理性(raisons)的同时增加了一个连续的进程(déroulement)，并把激发进程的原因置于进程的原因之后。正是这种理性的增强给了我们继续的勇气。在跟随一个次要行为的同时，人们只能通过价值判断来在行动中坚持下去。雅内写道①：

> 在绵延和行为的延长中有一种努力现象存在。这是一件古怪但需要观察的事物：行为(actes)因这一简单的事而变得困难，即它们会延长。开展一刻钟的行动和进行半个小时的行动是不一样的……时间增加了一种困难。最初的生物(êtres)没有对这种困难有所反应；它们中止了行动：尽力而为……但更高级的动物增加了一种努力，并使行动永远延续下去。我们可以说绵延的开始，第一个采取的与绵延有关的行为是连续性(continuité)的努力，即持续的努力。

因此，坚决而有远见的意志把绵延作为一种展望而开启；它把一连串的补充行为置于原始的冲动之后；它表现出一种似乎决定着有机体聚合与否的综合能力。人们通过逐渐增加力量而得到绵延。一种对努力的连续性的分析几乎一字不差地重复了柏格森关于努力的强度(l'intensité)所做的细致研究。在连续性的发展中存在着多重性，正如在努力不断增加

① 雅内，《记忆与时间概念的演变》，前揭，第55页。

的强度中有着多重性。我们可以看到，这种强度和连续性在某种程度上说是单应的(homographiques)，为了产生一种强度而集聚起来的特别努力的算数总和横向接连排开，从而形成一种绵延。当然，仔细往里看，人们就观察到这样一种延长是由彼此分开的冲动构成的。任何关于努力的心理学不仅应该通向努力的几何化，就像从逐渐增多的肌肉的量方面看强度的柏格森所指出的那样，而且还要通向努力的算术化，这一算术化计算的是逐渐引起注意的肌肉的数量。

从功能的观点看，我们就这样被一点点引导来做一件事情，即对发起行为的意志与继续这一行为的意志进行分离。在增强持续下去的意志之前要考虑的只有被卡在此刻中的反射行为，这种行为在时空的某种巧合中产生自己的全部意义。相反，思想、思考、清晰的意志和不屈不挠的性格通过给一个短暂的行为适当增添一些次要的行为，得以让其产生绵延。因此，我们是在绵延的举止特点中、在其行动特点(caractère d'œuvre)中来把握绵延的。

三

再说，雅内在其著作中浓墨重彩地论述了有关开端的心理学。这是一门特殊的心理学，它可以为解决很多问题提供方法。精神也许是开端(commencements)的一个重要因素。雅内首先区分了我们称之为隆重的开端,这些开端开启了一段绵延,但它们实质上并不属于绵延。由一位部长所主持的奠基仪式与工人们所从事的建设活动没有任何共同点。但不总是如此。某些应答轮唱圣诗(introïts)是真正为神秘的生活、为宗教情感的连续性而做心理准备的。莫斯(M. Mauss)也用这一观点研究过净化仪式。从简单的心理学的观点看,这种开端的祝圣仪式并不是太重要。雅内正好也总结说[①]:"开端与结束的动作扮演着极其重要的角色。"他指出,在原始人那里没有"开场行为与结束行为",而只有一触即发的行为,也就是说,从心理学的角度讲是一些不真正持续的行为,因为它们的结果至多是生理层次上的。同样,患神经官能症的人也缺少连续的行为,在这种行为中,开始的努力与继续的努力必须分开。"这是癫痫病患者的典型行为特征,这种行为没有任何办法预测,连病人自己也无法预料一触即发的行为,而且它没有开始,也不知道为何结束。"

任何精心构成的绵延应该有一个清晰的开端。在这些美妙和庄严的开始(débuts)中,怎么会看不到理由(raison)的因果关系,这一因果关系代替了一种绵延的所谓的因果关系。

---

① 雅内,《记忆与时间概念的演变》,前揭,第62—63页。

在这里，规定的时间(temps voulu)对经历的时间(temps vécu)所形成的霸权是显而易见的。为了进一步强调原初的行为在原因上与时间上的孤立(isolement)，请允许我们用悖论的形式来表达自己的观点：让火车开动的东西是站长的哨子。有意识的生命同样也是一种信号活动。这是一种头领的活动。一种清晰的直觉是一种指挥。

可是，现在让我们把行为视为冲动、热情、欲求，正常情况下行为的开始会导致后续行为的发生。我们将会看到，这一开始与后续行为尚且不那么协调一致。"当我们展开一次行动时，"雅内说，"我们在自己所做的事情中花费了力气，但我们花费的力气总是太多，并且我们多花费的力气将在连续的运动中发挥重要作用；这就是我们只用一个词来形容的东西：冲动。"从这方面看，冲动就是一种不知道节省力气的做法。在冲动时，我们认为紧紧抓住了一段现成的绵延；实际上，我们忘了控制绵延，忘了组建一段绵延。冲动以悖谬的方式让行动变得被动。人们可以肯定这一点：冲动会使人犯错。当我们在描述与休憩和行动的辩证法紧密相连的有节奏的生命时，我们将会看到冲动是一种过于简单和粗暴的时间行为，因为这种举止使重拾(reprises)的可能性丧失，使开始(commencements)的自由丧失，并使具体行动时刻(instants réalisateurs)的主动和多形结集(groupement)丧失。

让我们在这里总结一下我们对开端学说的看法吧。雅内确实发现了一种至关重要和特殊的时间行为。为了指明这一学说的全部意义，为了真正地掌握它，我们必须把开端分离出来，并且要视之为单纯的事件。换言之，我们需要关于即时性的概念，以理解有关开端的心理学。现实中很多有别于开端的行为只有参照有关开端的心理学才能被清晰说明。因此，我们只有把冲动与它最初的驱动（impulsion）联系起来才能理解它。总之，纳入绵延的行为不是简单的行为，因为我们可以从它们那里分离出某些重要的事件，这些事件在很多种情况下可以说具有最原始的品质。

四

间接说明开端行为的东西也许还有把这一行为与关于改变（changement）的心理学拉近。开始与改变并不相通。人们可以清楚地教授一次开始，但几乎只能暗示一种改变。其实，关于改变的主要行为尚且不完全被心理学家所了解。雅内在这一点上的坦率非常有教育意义，因为他向我们证明我们对时间心理学的了解非常有限。他这样总结自己的第三课："改变是一切关于时间科学的出发点。因此，肯定存在着一种关于改变的行为。我们不了解它。"雅内拒绝支持居佑（Guyau）

和傅耶(Fouillée)这两位作者所谈论的一种改变的感觉。他反驳说[①]:

> 感觉……是一种静止状态……我们在桌子上有红色,在桌旁边有绿色;我们有两种感觉:一种红色,一种绿色。如果我们从第一种感觉过渡到第二种感觉,那么我们有其他的感觉,但我们却只有对彼此的感觉。

我们再一次不可能在相异性(l'altérité)中填满一个真空。在方法论方面最谨慎的做法就是一旦确定了一种变化的产生就假设一种间断性的出现。事实上,在这方面通常的做法刚好相反,即假设有一个隐藏的连续体的存在。因为各种变化缺少同时性,所以人们认为,可以在不同的领域找到一些使变化缓和的中间因素。这些加上去的因素有时候可以说是模棱两可的。因此,我们就这样把忧郁加在了秋天上,为了能让树叶在不知不觉慢慢走向枯萎中由绿变成金黄。我们把不同种类混为一谈,为的是佐证这些场景的变幻。但事实上,这些过渡总是超越要被联系在一起的领域。心灵把自己那些含混的感情置于精神的间断的决定性(déterminations)之下。因此,

① 雅内,《记忆与时间概念的演变》,前揭,第 95 页。

人们不能太重视雅内的看法："变化……几乎总是与感情相关，且经常与悲痛的感情有关。说到底，变化实际上是相当悲痛的；它所有的形式几乎都会消失。"因此，我们把自己生活中的全部事件都融合于我们悲伤的连续体之中；我们用充满激情的连续不断的语言来表达也许在对客观事件的清晰叙述中所表达的东西。连续性只是我们的激情、困惑与忧伤，并且激情的作用也仅仅是为了掩盖一直带有敌意的新东西。因此我们可以从时间行为的角度与雅内一起得出这样的结论[①]："感情是行动的一种调节。"

五

不是只有变化才可能让我们认识到一种间断的行为。我们可以找到更具体的心理方面的个案，这些个案有可能让我们了解真正的虚无行为(conduite du néant)。实际上，雅内强调的是延迟的行为，是一次行动的中断，这一行动的后续被推迟到了将来。然而，推迟一次行动就等于中断了它的因果关系，等于把连续绵延的主要功能给去除了。一切不再匆忙。我们自由决定轻重缓急。

---

① 雅内，《记忆与时间概念的演变》，前揭，第99页。

这里说的并非是一个孤立的行为；它与乍看起来似乎不相干的行为互相影响。因此，依据雅内的理论，记忆受被延迟的行为影响。雅内非常肯定地说，记忆是一种事后的、间接的、与理性和社会组织相联系的能力（faculté）：“柏格森通常承认一个孤立的人是有记忆的。我并不同意这一观点。一个孤立的人没有记忆，也不需要记忆。”①他在稍后一点的地方还写道：

> 记忆行为是一种相对较少有的行为……我们不可能硬说自己有一种万能的记忆，并能把我们所看到的一切都记下来。这绝对是异想天开；这正是把纯粹记忆填满的形而上学的原则，是完全武断的假设。

我们将看到，记忆是在一种真正的被反射的绵延中，在一种循环的时间中形成的。实际上，记忆似乎都是选择性地变得很清晰，并通过自己选择的范围而非它本身的材料而变得确定无疑。它的作用是从时间上桥接被延迟的行动。换言之，把一次行动与它后面的行动联系起来，比把它与前一次行动联系起来，更容易让人记住该行动。如果人们接受任何清

---

① 雅内，《记忆与时间概念的演变》，前揭，第218—255页。

晰的思想——即被传授的思想——必须依靠行为的话，那么就应该看看这种悖谬的结论。然而，行为只有在给自己一个前途，并明确表达出它们的目的(finalisme)的情况下才是可能的。被经历的绵延确实把记忆的材料而不是记忆的范围交给了我们，且它不允许我们确定记忆的日期，并理顺记忆的顺序。但没有日子的记忆不是真正的记忆。它远不是一种纯粹的记忆，而是混杂着错觉的遐想。然而，这是因为我们知道在自己的行动面前什么也不想——也就是说把行动延后；再就是说打乱它退化期的因果关系——并且还因为我们有办法管理自己的记忆。我们不断地发现关于记忆的社会范围的深刻观念，莫里斯·哈布瓦赫(M. Halbwachs)在一本书中精辟地阐述了这一观念。但是，给记忆划定社会范围的东西不仅仅来自一种历史教育，更多是来自一种未来社会的意志。任何社会思想都是针对未来的。为了产生真正的社会思想，过去的所有形式都必须用人类未来的语言来描述。从此，即使在个体层面上，也不可能纯粹单凭一种内在的直觉、一种将过去被动记录在我们心灵中的认知。正因为这样，雅内毫不犹豫地写道①："在我们看来，被延迟的行动是记忆真正的起点。"

我们正是在被延迟的行动中才清楚意识到否定论

① 雅内，《记忆与时间概念的演变》，前揭，第232页。

(négativisme),因为否定在这里变成了一种行为。人们的确是在被延迟的行动前面什么也不想。也许,柏格森说人们通过采取其他行动急忙填补这个空缺。但是,辩证法不是万能的,并且人们可以观察到拒绝的态度,这种态度作为拒绝而形成。

对过去的记忆问题会随着对这一刻的更多注意变得清晰起来,因为在这一刻中,要记忆的事物被真正确定了下来。于是,我们可能会看到新事件的协调角色,会看到在一种复杂的记忆中相互联系在一起的事件的近乎即时的理性化。人们在忙着保留要记忆的东西之前,必须研究固定它们的方式,因为它们是在被固定下来的范围之内或多或少作为理性的全体性(totalités)被保留了下来。正因为如此,雅内提议把遗忘症的问题与失忆症的问题联系在一起,也就是说,比起失忆问题,人们更应该重视记忆的失去问题①。于是,人们可能会抓住在对我们记忆的固定中富于喜剧色彩的思想。人们可能会只抓住被语言戏剧化的东西;其他判断都稍纵即逝②。如果没有被讲述、表达和戏剧化的固定,那么记忆就无法被与自己有关的那些背景关联在一起。人们必须围绕着一件事发生的那

---

① 请参看雅内,《记忆与时间概念的演变》,前揭,第 225 页。

② 正如威廉·亚路撒莱姆(Jérusalem, *Urtheilsfunction*, 第 9 页)说的那样,"语言总是把最简单的判断夸大"。

一刻来确定时间，以便在对已逝去时间的记忆中重新找到这个事件。如若没有理性，记忆就是不完整和无效的。

在研究固定记忆的时间条件时，人们或许也会看到记忆一件被期待和被希望的事件的能力。期待似把我们掏空了，似乎在准备重启存在（l'être）并帮助理解命运；简言之，期待制造时间范围以便接收回忆。当我们翘首以待的事件出现在我们眼前时——又一次悖谬地——我们却发现它带着一副新面孔。没有任何东西像人们先前所预料的那样发生；因此，事件既符合我们的期待又让我们感到意外，既证明了理性范围的连续性，又强加了全凭经验的回忆的间断性。那些知道享受期待，甚至是让人焦虑的期待的人，会看出期待是用什么样的艺术创造了优美、诗意和戏剧性。它用意料创造出了出乎意料。约会那令人陶醉的喜悦！只需要爱得够深、担心一切、在最疯狂的焦虑中等待就足够了，目的是让迟到的喜悦突然看起来更美丽、更确定、更魅力四射。期待把约会的时间拉长并使爱情更充满浓情蜜意。它把最永恒的爱情放在时刻与间歇的辩证之中。它赋予忠贞不渝的爱情以新事物所具有的那种妩媚与妖娆。于是，被焦急等待的事件便固定在了记忆之中；这些事件在我们生活中产生了意义。因此，重要的回忆就是长达一天的、一个小时的戏剧的结局。这些回忆是对一种预先拒绝的补偿，即拒绝经历人们想要的东西以外的东西。

我们正是通过对无意义的行动的延迟，通过热衷于预见不可预见的东西，才能准备好经受幸福的沉重打击。事件在打击我们的同时就被固定在我们的存在之中。辩证的同化(assimilation)就是回忆被固定的基础。没有最初的一场戏，没有相反之物带来的一种惊喜，就没有多愁善感的记忆。

我们首先坚持在最不利于我们的情感领域发扬的这一论点，即预先设置回忆范围的论点，确切地说在知识记忆(mémoire intellectuelle)的领域中显得更清晰可辨。任何记忆都是一次简化(schématisation)中不可或缺的环节，这一简化在确定事件日期的同时把它们分离开了。它把事件的绵延清除掉，以便给它们一个确切的位置。它就像一个理性的提纲，像一个讲述了我们过去的计划。这一计划以为自己把事件连在一起，但实际上却是将它们分开。例如，叙述在指明两起事件之间是有逻辑关系的同时，证明第二起事件是由第一起事件开始的一个被延迟的行为引起的。同样，为了很好地理解我们面前的开放的绵延，我们必须先在头脑中体验未来的那些诺言；我们必须用生活计划的决定来代替被经历过的事情留下的非常模糊和少得可怜的印象。我们根据计划的数量感觉到一种绵延。真正的财富，那些人们认为是实体的财富，是人们可以推迟到未来的财富。这种推迟不可以按照一种均匀的连续模式来进行，因为保证它安全的一切东西都属于一种理性。我想明天告诉我的快乐，理性是否向我证明明天我的快乐是最大的。记忆（la mémoire）的组织和眼前的绵延的组织是并行的。回忆的条件和固定的建立条件是一样的。把我们对回忆（souvenirs）的固定和回忆分开是一种我们不可容忍的过度分析。回忆只有在首先服从回忆条件的情况下才能被固定下来。因此，记忆是一个选择过程，是让无序的生活变得有条不紊的过程，是冷静地理清日常事务的过程。多亏了一些理性的线性方案，生活中的一些事情才得以留在头脑当中。雅内的这种思想非常深刻①："是叙述创造了人类，而绝非背诵。"也就等于说，人们不是通过简单的重复而记忆的，他们必须组合（composer）自己的过去。性格是自我的一个有倾向性的历史。另外，雅内非常明确地让我们注意到，记忆活动（travail de mémorisation）并没有随着记忆行为（prise de mémoire）完成：

> 当事件结束之后，记忆活动并没有完成，因为记忆力（mémoire）会默默地自我增强。小孩子在试着自己准备讲给母亲的故事……。这是回忆在逐步地、一点点地完善自己。正是因为这样，对一种事物的记忆几天之后要

---

① 雅内，《记忆与时间概念的演变》，前揭，第 261 页。

比刚开始更清晰、更严谨且更完善。这是一种文献的构建，它慢慢变得完整。[①]

事件并不像直接而自然的成果那样沿着一段绵延一字排开。它们需要被人为地按照一定秩序安排在一个体系中——理性的或者社会的体系中。这一人为的体系赋予它们一种意义并确定出它们的日期。这就是为什么一次谵妄会因为不够系统化而不会留下任何痕迹。雅内刚好注意到[②]："即使一次复杂而狂乱的谵妄过后，也不会有任何记忆。这并非因为谵妄是疑难杂症，而是因为患者没有构建记忆行为，他们在谵妄发生期间是非常迟钝的。"

因此，记忆往往是一部艰涩作品，而非一些资料或一种已经拥有的财产。人只有从目前的一个愿望出发才能实现它。没有任何形象会无缘无故地、不带任何思想地突现。一门更完整的心理学似乎应该强调回到过去的心理或机遇条件。特别是精神分析可能有兴趣强调过去的创伤对现在的重要性。在雅内的风格中，任何所谓关于梦的故事（récit d'un rêve），确切来说是对它的讲述（narration）。这近似于一种证明、一种

① 雅内，《记忆与时间概念的演变》，前揭，第266页。

② 同上，第224页。

演示。因此，我们可以从两个层次上进行精神分析。为什么病人会做这样的梦，为什么他要讲述它？我们在这里重新回到了对精神病的当下条件的观察。

对雅内来说，“再记忆（remémorisation）的问题首先是激发和刺激的问题”。因此，为什么我们延迟了行为的个体将停止延迟这种行为呢？……记忆（mémoire）的价值和奇迹在于建构了一种行为，这一行为被某种不确定的、尚未发生的事情引发。这是一种为服从另一种不同于普通信号的信号所做的准备。这是一套齿轮系统，它正等着被未来的巧合所激发。因此，记忆不是自我实现的，不是靠自身的驱动实现的。我们必须把它与遐想分开，因为真正的记忆拥有一种时间潜结构（substructure），而遐想却没有这种结构。遐想的形象是没有意义的。它并非一种纯粹的回忆，因为它是一种不完整的、没有日期的回忆。没有日期和绵延就没有构建；不存在没有辩证、没有差异的日期。绵延就是多种互为依托的赋序的复合体（complexe）。假如人们声称生活在一个简单而均质的领域中，那么他们将看到时间不能再往前了。时间最多也只是跳跃。实际上，绵延总需要一种异质性，以便让自己看起来是连贯的。因此，它总是在人们声称观察到它的领域之外的其他领域中以其异质性而连续。

时间现象首先一直出现在一种非连续的进步之中。这些现象把一种接续秩序交给我们。不多不少刚刚好。尤其是，它们之间的连接从来都不是即时的。在很多方面，接续是自由的；它接受行动的暂停和明显的异质性，正如我们通过进一步观察因果关系与时间的关系问题之后将要看到的那样。

第三章
物理的绵延与因果关系

一

事实上,任何因果关系都处在由状态(états)组成的非连续体中。人们把一种现象视为原因,把另一种看成结果:他们给出每种现象的一个特征,这一特征可以用来定义它们,并把它们彼此区分开;他们给每种现象一个统一的名称,并指出其重要的有机特点。假如人们谈论非常确定的结果,那他们是想排除事件。假如人们谈论确切的原因,那他们是想在现象中把表象等级化。柏格森主义者将会毫无疑问地在这种双重的静态指称中看到语言的和可空间化的必然性的一种简单证据,这些必然性主导着我们的智识。这个证据呼唤着一种内在的直觉，以便跟上从一种现象到另外一种现象的因果连续性。但人们也只能用一个笼统的、没有任何客观证据的字眼来表达这一非常内在的连续关系。人们最终将永远不会让因果关系展开。人们一开始分析展开的原因、确定它的演变，就会把这一展开的原因分成接续的状态；且人们在肯定这些状态是连接在一起的同时，却奇怪地去除了把它们联系在一起的绵延。人们把原因变成了如此完整的现象，以至于原因似乎必须独自完成自己并把结果带进一种或多或少比较长的时间当中，即一种没有多少意义来确定其长短的时间。

希望有人不要过早地说我们太抽象！希望有人在这里别只看到(我们)暗自赞同柏格森关于数学时间的一个论点，这一时间只用一系列横切面来表现现象的流动(flux)！不，原因与结果都不是简单的时间切面。它们两者都有一种确定的时间结构。这种结构为原因和结果构建了一种绵延。但是，我们可以肯定的是，这种绵延在连接原因与结果时一点效果也没有，因为为了分别构建因果，这种绵延在某种程度上是固定不动的。为了从时间上把它们联系在一起，人们既没有考虑原因中的绵延，也没有考虑结果中的绵延，在原因之中，绵延只是准备。在结果之外，绵延只是缓冲。一个筹划已久的现象不比一个突发现象反应更强烈。物理的因果关系不由绵延来量化。我们必须一直把作为现象的原因和作为现象的结果视为两种彼此分离的状态,而且因为它们各自的绵延都是无效的,所以在某种程度上说,从时间上把它们清空是合适的。我们走在通往因果关系的理性化的坡道上。我们在不知不觉中把原因当作一种原则,并把结果当作一种后果。它们之间的联系既是现在的,也是被延迟的。理性化的因果在它们的个体性中被固定了下来。从彼中推导出此的那一刻起,人们就排除了它们之间的时间联系(lien)的非理性;这一联系只是一种巧合(contingence)和激发(déclic)。当人们非常了解一种原因时,他们总是有办法加快结果的实现。在为演讲者准备白砂糖时,人们会马上教给他喝的方法,作为一种激发,而不需要等他的那杯糖水端上来。在时间中,除了接续秩序之外没有任何真正客观的东西。无论如何,在回到有效证据的坚实地盘的同时,在被讨论的客观性和被证明的经验领域中,现象是作为接续的和不连续的东西出现的。对物理现象的历史叙述充满着空缺期(interrègnes),学着适当忽视这些空缺:它们是可以忽视的,因此也应该被忽视。

二

其次,我们将看到,对因果关系的审查出现在一种否定的氛围、一种逻辑的空缺中,这种氛围加剧了原因与结果的孤立。

让我们根据一个尽可能简单的例子来做这一论证，这是一个乍看起来特别正面的例子。作为一个简短的综合(synthèse)例子，康德做了如下判断：太阳照暖这块石头。然而，在这种肯定形式下隐藏着一堆数不清的否定判断。事实上，经验判断不仅仅是凭经验的，而且是滞后的。它为一次论战画上句号。因果律甚至是通过绝对否定在此接收自己的必然性特点：人们只对自己所否定的东西有把握。让我们在这里再看看关于因果关系中拒绝与同意的论辩吧。

首先，一般而言，因果律的运用等于否定了一种实体活动。正如叔本华所支持的那样，实体范畴远非因果范畴的一个复制品，因果范畴从功能上否定实体的因果行动(action causale)。一种现象是另一种现象的原因。事物(choses)是互相转化的因，而非使之产生。一个自在的因(cause de soi)是一种重言(tautologie)或者一个神。也许正是在这一方面，**因果关系和参与**(participation)看起来似乎是非常矛盾的。当一种品质(qualité)被当作参与一种实体活动来设想时，这种品质就避开了因果分析。

此外，对一种**陌异的**(étrangère)行动的肯定尚未完全是正面的，或至少它只有在自己是不确定的和笼统的情况才是正面的。这种肯定一旦变得确切，就把否定牵涉进来了。人们只通过差异化来区分现象的各个特征。提出一种原因的有效性就等于看到诸多被假设的原因的无效性。因此,肯定太阳照暖这块石头就等于使下面的论证成立:

1. 石头不会通过实体活动自己热起来;
2. 石头不是由另外一个热源烤热的。

此外,如果我们能用一个更科学的事例来阐述自己的观点的话,那么它就会更站得住脚,因为我们也许会更好地感觉不确切的假设在论战中不可或缺的作用。可是,根据一个与康德所选例子一样通俗的例子来谋求解决问题,有一个方法论上的好处。事实上,通俗性强化了我们经验错误的正面表象。带着对缓慢而乏味的世界的粗浅认识,人们很快就不会再感到欣喜了。人们最终从象征的角度来思考,因为所有的现象如象征符号一样静止不动。人们依靠全部的感觉并同时想象说这些感觉是一些综合。有人正是出于这种想法而提出了下面反对我们的意见:当只有一束相同的光照射在我们手上和眼睛上时,难道没有关于光与热的现象的共生吗?或者,更具体说,光线的振荡既是光也是热,这难道不是显而易见的吗?然而,这种感觉的汇聚通过把我们送上一致性之路让我们变得懒于思考。对一致性的宣布通过消除差别而结束经验。可是谁不明白,这样的一种经验远不只是粗浅吗？但是,答案是如此确切,以至于它似乎是最终的答案。它是如此之快,以至于它似乎是即时的。

相反,一种思考活动应当引导我们得出这样的结论,即一种实验性的综合不可能是一种即时的资料。从理性(raison)的角度看,由于经验的无理性,实验性的综合是由果溯因的。由于论战的理由的介入,它还是由果溯因的。在考据学(l’heuristique)的基础中存在着一门完整的辩论术(éristique),在我们经验判断的本源中存在着一门完整的错与对的辩证法。一次综合的试验总是建立在前面的失败的基础上。原因本身不可能是一种直觉的对象。因为有关结果的思想应该比有关原因的思想更复杂,从原因到结果都有所表现的新因素应该成为一种推论思想,一种基本上是辩证思想的对象。直觉也许可以事后带来一些启迪;那么,它具有一种理性习惯那样的力量;但它不可能阐明最初的寻找。在直觉之前是惊讶。

因此,原因通过消除错误脱颖而出。关于因果关系的真正教学法存在于这种变得非常有意识的消弭(élimination)之中。甚至为了真正弄清一个现象的原因,人们首先有必要明确拒绝可能想到的不同原因。在我们的教育历史中,从未有过可以被算作一种确切原因的即时现象。一种确切原因总是一种被隐匿的原因。这种认识似乎非常重要，因为人们更清楚地意识到，对原因的寻找总是会对任务的描述产生影响。在辨别原因的同时，人们在被研究的现象中辨别不同特征。任何动力因都变成了解释一种结构的理由。人们通常只是通过原因来理解结构。通常是物理动因的传播勾画出物质的外形。因此，结构既是动力因也是形式因。所以在形式与演变之间存在着一种对应。一种几何等级支配着一种时间的接续秩序。反之亦然，原因的纪律性则要求一种空间秩序。完整的现象学既是一门形式的也是一门因果的现象学。

所以，假如没有经验的一种逻辑准备，那么现象的规律性是行不通的。一条因果律只有在它受到保护而不被扰乱的情况下才能稳定地开始。没有保护就没有探测。为了弄清楚原因与结果在逻辑上的孤立，只需要对任何一条物理法则进行思考就行了。人们将会看到，在一个很普通句子的一致性(identité)中所获取的完全是语言层面的思想，也会很容易被细分成两种不同的形象(image)。并且这种分段化(segmentation)将作为一个具有**先**与**后**的过程的两个阶段出现。例如，如果我首先说，石头在下落过程中受到地球的吸引，那么我感觉到这是一种统一现象。但是，在这种教条的答案中，直觉思维并没有真正产生作用。一旦我想进一步明确我的思想，我就会被带上一条推论之路，并且我很快就会看到解释的时间

(temps de l'explication)开始两极化,并聚拢在两个不同的中心。事实上,我将用完全先于实际影响的一种潜在影响的思想,来强化地球对运动物体会产生实际影响的思想。我将用可能(le possible)来分析真实——普通语言所称的真实(le réel)。于是,我将引入有关引力场的静力概念。我与其说将在实际的因果发展中,倒不如说是在这种影响的可能性中去理解地球的影响。尤其是,我是在深化这一完全是中介性质的场的概念中来准备更好地理解关于物体坠落现象的细节,更好地抓住现象分化的条件,比如对随着高度而变化的引力的敏感度、精确的垂直度的定义,因为在这一确定中我赋予了地心一个重要角色。人们能清楚看到原因如何变得站得住脚,如何组织自己并完善自己。当我这样研究完引力场,确定其形式一致性的条件与范围之后,我才会把石头引入场中。通过大量运动物体的合作,这种场将变成一种力量。这种产生效果的综合于是将会在某种程度上带着一种超越原因的维度(dimension)出现。原因将为了促成条件的趋同而只以一种附加物的名义发挥作用。产生结果的原因的实现,于是就成了一种突现(émergence),一种复合值。严密、详尽、被证明和传授的思想将会导致原因与结果产生一种异质性。人讲得越多,越能分得清楚。通过把两个物体,即把运动的物体与地球联系在一起并通过分清可能的时间与真实的时间,地心引力将按照“两种时间”被分析。可能(le possible)开启了一种推论调查,在这一调查中论辩的理性自由驰骋。不管人们愿不愿意,对数学潜在功能的研究都是建立在有关力量的形而上学的观念之上的,这些功能处于有关场的数学物理的基础部分。人们重新找到了古代的思维方式,该方式体现在从力量到行为的过渡中,过渡之初伴随着力量与行为、原因与结果的一种形而上学的异质性。也许在挖掘这样一门有关因果关系的学说中,人们可能会找到**最小的突现**(émergence minima),确切说,它是这样一种突现:它出现在时间中,既作为时间的第一次行动又作为对给出最终结果的真(réel)的轻微强化。

三

在前文中,我们只在因果关系的应用,或更简单地说在它的解释和展示方面探讨了它的问题。总之,我们指明了人是如何传授因果关系的;我们没有确定这些关系本身究竟为何物。也许,在我们看来,传授条件完全等于客观思维的条件。但这里不是阐发这种个人观点的地方,并且我们知道,读者很久以来都持有一种反对意见:因果关系自证的方式并不重要;除了证据的非连续体之外,有关真正原因的连续体也将一直留下来，而这种原因在时空的双重连续性中发生。我们现在要面对的就是这种反对意见。

我们首先注意到，在无法穷尽的连续体中思考因果的演变，就等于给这种演变增加了一些神秘色彩，也等于夸大了流变的丰富性，正如天真的现实主义夸大了物质的丰富性。换言之，我们在把时间变成行动的支撑与本质时，却赋予了它太大的影响力。如果时间的作用能使现象真正成形，那么人们就不会明白形式（formes）对变形（déformation）所表现出的抵抗力。事实上，因果关系与形式结合在一起以统治时空。就像波里埃所言："时空被因果关系贯穿；因果关系对它们来说是先天的，它使它们改变面貌。"①事实上，通过以其不同形式带来的关于关系、联系与接续的不同理由，因果关系使时空变成了有组织的。况且，人们正是通过这一方面才得以看到，因果关系如何就多样的时间给我们指示（instructions）。诚然，这并不是波里埃得出的结论。他的分析努力更多的是"让充满着东西的时空变成无动于衷的观众，并使它们对流变和其智识感到失望"。但是，同样的失望并不会伤及进行科学综合的参与者，即通过把因果关系的各种形式联合在一起而最终用各种零件创造出具体且可预见的现象的学者。当代科学拥

---

① 波里埃，《关于时空概念的几点论述》，前揭，第 17 页。

有时间变量与空间变量;它能根据不同的质量让时间高效或无效。当频率技术慢慢被深入了解时,人们就会以间断的方式来填满时间,正如微粒布满了空间一样。

从某种观点上看,一门关于流变的技术必须能暂停时间的影响。要得到相同的结果就需要相同的原因。要获得相同的原因,时间就不应该对既定的现象产生影响;人们必须能在原因的同一性(identité)中恢复原因,为的是能在结果的一致性中恢复结果。然而,原因的永恒性只有从被理性化的现象出发,才能被明确而肯定地实现。人们只能完全确定自己懂的东西。确实,只有精心构建的原因才能产生很好的结果。在排除偶然与细节的同时,因果律一直只能在两种有区别的清晰形象(figure)之间运动时被把握。

换言之,在流变中有一种等级,正如在存在(l'être)的本质中有一种等级一样。因为一种原因将要单纯地实现其基本的科学方案(schéma),所以它将更有规律地决定原因的结果。最成功的物理实验不是那些最简单的实验,而是那些精心组织的实验。它们是那些在实验过程中**系统地**采取了安全措施的实验,是在其中细节只被当作细节看的实验,是人们对细节的非原因特点有清楚认定的实验。当采取了非常谨慎的措施之后,人们感觉不会出事故;人们觉得能够开始激发科学行为,并把理性化的现象推后到一个确定的时刻。为了弄清楚什么是一种从时间上被控制的现象，我们只需要把被用在广播站(T. S. F.)的持续电波与18世纪所使用的电机所产生的一直是偶然和不规则的火星相比较就足够了。从某种程度上说，现代体系从时间上看是一种封闭的、显现于其节奏中就如同一种东西显现于其空间范围内一样的体系。

就这样，在对一种现象的不同原因的时间有效性进行了某种相对的评估之后，人们有权重构复杂的流变，而不是依靠一种绝对的、与体系无关的和所谓的对体系的每个部分都适合的时间。演变中的变量(variables)的一种典型的时间节奏包含一个体系的每一个部分。我们之所以看不到这一点，是因为我们通常是从一个特殊的角度去做一种实验，只涉及一个特殊的变量。我们以为把剩下的一切都留在了"状态中"。可是，时间的相关性(corrélations)在很多种情况下是显而易见的，并且它们在为一种关于时间的多样性学说做准备。

有时候，我们会走向截然相反的方向，于是我们引入了演变的连续性，目的是把两个不同的状态重新连接起来。这种演变的连续性应该让人理解诸绵延的异质性，这些绵延与现象的不同特征有关。事实上，人们假设一种现象缓慢改变的两个方面之间有连续性，因为从别的角度很容易看到一些迅速的改变。这些改变充当着过渡的角色；它们是两个过渡状态的样本。但是，异质的演变并非一种真正的连接。看到演变是一种没有被分析的复杂性的恶果，这让我们受益匪浅。因此，我们只需要给粗略的碎片增加大量轻小的碎片，从而把万花筒变得更纷繁，使得它看起来是在连续不断地发生着变化。于是，事件断断续续的特点因为它们数量的庞大而被忽视和减弱。

从现在起，一次认真细致的实验在什么方面将会受到时间是连续的这一假设的帮助或说明呢？没有经过任何分析的绵延会一直被认为只是作为"自在的绵延"而有意义。它将不是现象的绵延。微观现象学不应该试图超越对接续秩序的描述，或者更简单说，不应该超越对可能情况的罗列(l'énumération)。这种罗列接着将会要求一段纯粹而简单的统计学时间，这一段时间不再有因果的有效性。我们在此触及到了当代科学中最奇妙的基本原理之一：在绵延中对唯一原子的不同状态的统计和在某个特别时刻对全部原子的统计完全是一样的。在思索这一原理时，我们必须说服自己，在微观物理学中，前面的绵延并不推压现在，过去并不对未来施加影响力。既然一个个体演变的表征与一个社会的状态的表征完全相同，那么结构条件就可以和演变条件互换。换言之，我们在这里依然可以说，因果关系既是动力因果关系，也是形式因果关系。另外一条结论是：依据这一原理，原子的流变显然与数量而非连续有关。原子的流变是跳跃式的，因为这一流变在可数的、处于不同状态的原子的复数性中找到了自己的影子，因为人们在从一个原子到另外一个原子的过程中发现了一个原子的所有接续状态(états successifs)。因此时间辩证法是本体论辩证法的简单的发展。

四

再说，从整体实验到精细实验存在着一种断裂，它彻底修改了客观性(l'objectivité)的条件。让我们来详述一下这种修改。说一种整体现象在状态 A 和状态 B 之间演变，就等于说在 A 与 B 之间存在着大量我有能力指出却一直被忽略的细节和偶然。但是，如果以接近实验的精度来看待精致结构的话，那么我必须考虑到一种新的假设：细节的细节没有实验的意义；细节的细节实际上掉入了绝对的虚无之中，这是系统性的错误，是由检验(détection)的需要所强加的错误的虚无。于是，关于检验的辩证法便按照是或非的节奏在运作。间断的数量代替了连续的节拍。只有错误是连续的；错误是围绕着节拍的一种简单的可能性形成的光晕(halo de possibilités)。决定(déterminations)则被数量化。于是人们知道，错误在因果关系容易被感觉到的形式(formes)中被抓住，它分散成为长列。非决定论是节拍的数量特点的一种几乎即时的后果。没有任何东西允许我们设定一种时间的连续性，以便用来分析间断的过渡段(passages)。如果我们这样做，那么我们就从外面把绵延当作一种简单的功能、一种多少随意强加给散乱现象的一种综合。人们肯定不在对现象的实际分析中来辨识绵延。

甚至有一种矛盾，即要同时提出现象的无法穷尽的多样性和检验的严格的同一性(identité)。事实上，我们达到了这样一种认知水平，在这一水平上科学的对象正是我们所造就的东西。我们掌握着客观性。实验室现象的历史恰好就是现象的节拍的历史。现象一直与其节拍同步。从某种程度上说，因果关系得到了我们所使用的工具(instruments)的加强。客观性为了变得更主动而不再被动，为了更清楚地变得间断而不再连续，所以客观性变得更纯粹。我们在逐级地实现自己的理论思想。我们最终把复杂的现象从它们特殊的时间——一种很模糊不清的时间——中分离出来，以便在一段人为的时间中，在一段确定的时间中，在我们使用工具的时间中来分析它们。我们懂得让各种时间现象变慢、变快和停止。我们懂得在一种节奏现象中通过频闪观察法(stroboscopie)来分离和挑选一些特殊的时刻。我们懂得把这些脱离了它们背景的因素与一些取之于真实的组织结构之外的因素相联系，以便使它们变成一种正确的历史。我们这样制造的连续性显然与一种真实的连续性没有干系；可是，它却具有一种真实的连续性的所有特征。哲学家应该思考这一情况，即人们容易用工具的时间来代替现象的时间。“真实的”现象与闪频观察法的工具现象之间的轻易互通应该暗含这样的思想，即绵延的基本功能可能纯粹只是“对应”。让两种秩序对应就等于赋予它们相同的接续法则。一旦对应实现，绵延就不再有多大用处了。因此，频闪观察法勾画出来的时间对应（homographies temporelles）是确切而有说服力的原因。这些对应打碎了绵延，可是它们保留了因果关系。假如我们最终注意到，我们的感官从某些方面看或多或少是经过精准设定的闪频观察仪器的话，那么我们将会更容易把对绵延的认知看成是一种建构。我们的一般认知是由一种无意识的和惰性的闪频观察所产生的。绵延就是一种总体变化的闪频观察的样子；它是流动的因素与持久不变的因素之间的一种区分。相信事物的永久性就等于总是在事物的节奏处于同一阶段时睁开眼睛。

因此，对因果关系的详细研究教导我们在现象的接续中学会选择。我们对一种现象的时间特点的影响要比乍看起来有效得多。如果人们懂得把现象的空间特点与时间特点结合在一起的话，那么他们最后就会通过物质的中介，在某种程度上界定时间现象的范围。人们把节奏关在了回音盒里。当人们看到一种节奏被保留在广播站的发射或接收中时，人们就会想到几何与时间之间互相影响这一情况。于是人们就有兴趣把事物当成是广播站频率的真正产物。周期是时空的动能。它们是有形物的时间面(face)。一个物在震颤的同时也揭示了一种时间结构和一种物质结构。

如果人们现在补充说,周期在频率的语言中被马上表现出来,并且频率彼此之间似乎是相对的话,那么他们就会看到,时间的连续性和绝对性在减弱,甚至在消失。总之,作为区分周期基础的一段绝对时间的连续性不再是一次粗略的观察所给出的那种即时的连续性。从频率开始研究的因果关系远在假定以一个周期的绵延为基础的连续性之上跳动。特别是,我们相信,从周期与频率方面对这种因果的研究可以局限于对周期性事件的统计。人们通常假设单独的震动是有规律的,而事实上使用的是群组震动的频率。此外,必须注意的是,大部分由频率来解释的现象是由很多频率来解释的。天文学上的缓慢的周期并不作为解释的理由而介入。被看成在自己的轨道上运动的地球并不"震颤"。它是在前行。因此,天文学上的时间尚未"被结构"。如果我们观察一下星球旋转的单调性的话,我们就会明白我们用在它身上的时间是一种统一和连续的时间。它是一种什么也不会发生的时间。它是一种不足的模式,不可以用来确定节奏的现实论。

当人们深入到多种因果关系的精细形式之中时,他们会感觉到时间组织的重要价值。人们越来越少地把原因看作对总流变的一些简单的切分(coupures)。这些原因构成一些整体。它们作为整体行动,它们跨越无用的间隙,它们不考虑对于我们而言代表着如同流动(flux)一样的时间的意象,流动的全部力量似乎位于其边界地带。因果关系的能量不是在因果波的前沿被定位到的。原因要求组织的契合(convenances organiques)。它有一种时间结构、一种节奏行动。它属于一种时空位相分析学。

在原因的组织特点之旁,并且与这个组织特点相关,我们也应该给物质演变的万花筒式的和间断的特点腾出位子。通过从算数的角度观察,这些因果关系变得愈来愈清晰。有必要把因果关系算术化。在这一方面,新兴的量子科学正为我们准备一些特殊的研究方法,这些方法迟早会形成一门关于有效时刻的算数。

第四章
智识的绵延与因果关系

一

当我们把时间的有效性问题置于物理科学领域时，我们只是想要面对一些可能的反对意见并遵从一种哲学传统：我们实际上都希望时间首先是一种客观力量，并且运动应该是对绵延的最清晰的度量。在我们看来，在这一领域本身，时间的联系(liaisons)既不那么紧密，也不那么统一和普遍。时间线上打满了结。轨线(trajectoires)的简单连续性被微观物理完全破坏。真实不停地在我们抽象的标识周围颤动。量子(quanta)时间在忽隐忽现。

但人们不是通过仔细观察物理现象就能真正感觉到绵延

的形而上学的双重性。事实上,裂缝(brisures)在实物中是长期存在的偶然(accidents),它们不受一切系统化努力的限制。相反,裂缝在高级心理活动中是联结的;更妙的是,包含在高级心理活动中的能量细小变化(variations)带来一些新的观念。我们在此可以说:小变化,大效果。我们处于纯粹活动中的精神是超敏感的时间探测器。它很适合探察时间的非连续性。为此,我们只需要放下一切劳力与劳心之事,仔细聆听时间之水在我们身上如瀑布般流淌。

另外,物理的或生理现象总是教导我们服从时间,教导我们成为物体中的一个物体。当人们只局限于观察现象的演变时,时间现象学的一个方面就整个弄得面目全非。人们如此轻而易举地描写这一现象的运动学,以至于动力学的特点不是那么确定、普遍和明显。事实上,科学史相当清楚地指明,动力学作为一种次要和派生的、更难和更似是而非的认知,是对运动学的补充。

可是,如果我们离开客观的观察,如果我们依靠自己的内心经验,那么一切就变了,模棱两可的特点变得清晰可辨;内在的动力经验将上升到首要位置,而有关我们运动的经验却似乎成了派生和次要的了。从这一观点看,运动对我们来说似乎是我们所做决定带来的简单后果,考虑到实现我们决定的困难,这点很重要。我们在行为方面的困难不应该被忽略,因为它非常重要并需要智慧。正是该方面才可以更好地教授给我们何为主动时间。总之,在我们自己身上被研究的动力特点与运动特点应该给出两种完全不同的时间印象。

还有更多。在我们身上,动力特点首先是以间断的形式表现出来,即以冲动、颠动、冲动的形式。为了说明时间关系方面连续体与非连续体的辩证法,最简单的办法也许是把我们的运动和指挥这些运动的原始秩序的意志面对面放在一起。连续体与非连续体的二元论,与物质和精神的二元论是对应的(homographique)。我们在前面一章的研究中已经说得足够多了,即连续的努力是一种次要的、后天的和困难的行为,目的是在众多活动元素的行列中只留下与动力方面相关的驱动(l'impulsion)。可是,如果连续运动是一种生理结果,如果行为的首要因素是冲动,那是不是需要在冲动的组织中寻找对理智行为的控制呢?因此,正如保尔·瓦莱里所说的那样,我们必须创建一门行为代数学。一次行动就这样看起来好像有一种必然很复杂的方程式,并在驱动之间带有被明确界定的动力关系。于是,强度(l'intensité)就有一种重要的意义,而不像在柏格森的理论中那样只有一种派生意义。数量化是在意志的层次上,而不再在肌肉的层次上进行。通过这一迂回,智识获得了一种真正的因果关系。正是智识把相互矛盾的行动分开,并决定着主动的趋同(convergences)。这种智识的因果关系应该考虑物理的因果关系和生理的因果关系;但毕竟一种心理的理性化是有位置的,这一理性化将赋予智识行为一种特别的有效性。

二

在我们看来,人们正是通过结合了力量(force)与灵巧(adresse)的分析,才能对这种很确定的有效性进行初次的度量,这种有效性已经在意志层次上可见了。一种机智的心理特征是一种接受过教育的心理。它管理着能量。它不会让那些能量流失或爆发。它行事谨慎,动作幅度既小又分得很开。一门完全由直线和棱边构成的几何将出现,带着对技巧的意识,这与对优美(grâce)的无意识背道而驰。优美不应该被向往;它有线条;它没有轴。它是纯粹的质量;它拒绝数量。它尽力抹去学习时的间断性并给各类行动以统一性(unité)。相反,灵巧必须保留多种动作(gestes)的基本的等级。它是万花筒。它严格说是数量的。优雅有权利弄错;对它来说,错误往往是一种异想天开、一种刺绣、一种变种,而灵巧不应该自娱自乐。那为什么灵巧试图把作为组件的决定融合在一起呢?对灵巧来说还有一种危险,那就是离开那些被分开的意志的纯算数。从它的角度看,那些柔和蜿蜒的曲线是一些微不足道的思想和精神生活的线条。当有意识的存在(l'être conscient)通过放弃对外部入侵的抵抗和任其摆布而准备回到幻想(rêverie)之中时,这些线条出现在曲线的底端。也许,这些曲线可以被认为是最自然的,但这正是它们要求更少的意识、更少的监视、更少的精神的证据。对于灵巧而言,自然(nature)在我们身上如在我们身外一样首先是一个障碍。正是内在的这个障碍把灵巧变成了一场真正有力的论战、一种真正的辩证法。

里尼亚诺(Rignano)敏锐地指出了这种二元论,它在对某些灵巧动作的确定中很重要。例如,让我们和他一起重新看看台球游戏中有关灵巧的观察;我们将看到心理学家里尼亚诺所考察的不是对该运动所要付出努力的外围描写,而是对其中心结构的描写,这种描写刚好处于多与少的辩证法的层次上①。

> 已经把球杆对准球的玩家首先想的是把这一杆打出去,并且准备好要推球,但是,手臂过于紧绷的肌肉让他很害怕用力过度,因为之前不久刚发生过类似的事情。于是,在这种想法的驱使下,他的肌肉放松了一点,但是,

---

① 里尼亚诺,《推理心理学》(*La psychologie du raisonnement*),第51页。

> 玩家在感觉到肌肉放松之后，又担心打出去的球杆不够力量，因为以前因用力不够而失败的记忆又浮现在他的脑际：在球杆击球之前由胳膊带动的多少有点大的伸缩中，比赛见证人看到一连串相反的情感性(affectivités)快速交相辉映，这些被激发的情感性时强时弱，目的是通过调整施加于球上的力量来获得最终的结果。

里尼亚诺在此仅仅仔细研究了对肌肉力量大小的控制，但也清楚指明了巧妙地使用力量需要两个相反的各自代表多与少的标志。他还明确指出了让紧张的肌肉放松下来的做法是思考，但这种放松与生理的因果关系所准备的行动完全相反。因为生理的因果关系要求是不应该等待的；它要立刻有力地击球。但是，思考强加一个无行动的间隙，然后迫使人接受一个相反的结论。行为通过一种矛盾而发生。灵巧的意志从来就不是一种好意志；灵巧的意志只有通过一种坏的意志的中介才能产生行动。人们确实不能就一个单一的主题来设想灵巧，因为这一主题是在一种没有逆流的绵延中展开的。我们不能真正地拥有一种实体的、实证的和一致的记忆(souvenir)，这种记忆可以让我们准确再现一次灵巧的行动。必须先权衡相互矛盾的记忆，并实现相反的冲动之间的平衡。这些推论活动(opérations)让时间变得不确定；它们打断自然演变的连续性。如果在成功的灵巧行动中没有对被纠正过的错误的意识的话,那么就不存在真正的确信(certitude)。于是,被思考的时间战胜了被经历的时间,并且犹豫理由(raisons)的辩证法变成了一种时间辩证法。

三

人们一直看不到犹豫不决所扮演的角色的重要性,这种犹豫不决是思考在行动的开始所造成的。人们之所以这样,是因为他们很少研究被熟知、被透彻了解和清楚意识到自己成功的行动的心理学。通常,他们实际上主要是努力想把关于聪明行为的心理学与或多或少出于本能和天性的行为心理学联系在一起。这也许是一项有用的任务。但是,人们在把它当成心理学唯一任务时,很可能在有关某些问题的特殊意义方面被误导。确切说,人为的和受思考影响的行动通常是一种没有生物刺激的行动,或者甚至是一种反生物刺激的行动,或者仅仅是在生物刺激的时候的一种行动。它就这样导入一系列刺激力量(pouvoirs stimulants),在这些力量中各种因果关系互相干扰。人们隐约看到了如何能通过梳理这些干扰来创建一门关于精神释放的完整心理学。为了研究这种生物刺激释放的第一阶段,人们可以重拾里尼亚诺关于意义

(sens)所引证的一切，这些意义在不接触的情况下起作用，远离物质世界咄咄逼人的敌对性。人们可能会看到[①]，"这些意义最容易导致这种特殊状态的出现，即引而不发的情感倾向"。这正是把相反的事物统一起来的一种假平衡，这一假平衡给予经过精心准备但处于等待中的决定一种几乎是即时的有效性。从这一仍完全处于生理阶段的阶段起，人们就能意识到对行动的激发不是依靠简单的生理巧合来实现的，而是需要行动的允许，需要精神加入存在。通过清晰对比可能(le possible)与真实(le réel)，这种加入，这种精神的在场仅在一种预先的休憩中被感知。严格说，这种加入与一次冲动，或更确切说与一种类型的冲动，即与一个绝对开端的冲动同时发生。因此，当以初级形式出现的开端的行为(conduite)仍然依赖客观符号并以纯粹智识的形式存在时，想开始的意志出现在了它的无动机中，它清楚意识到自己优越于被激发的机制(mécanismes)。因此，进展过程(déroulement)的生理原因不能与激发(déclic)的心理原因混为一谈。一门在原因中消除了这种二重性的哲学建立在一门危险的形而上学、一种没有经过充分讨论的统一性基础上。

如果我们的批评有道理的话，那么我们就提议用一个开

① 里尼亚诺，《推理心理学》，前揭，第45页。

启模式来增强任何(生理)运动模式。事实上,如果我们不首先确定好一些关键时刻的动力的重要性与秩序,那么关于一种复合行动的心理学就不可能被传授。执行随后就会比较快地到来。秩序就这样支配着绵延。秩序确实给出行动的代数:代数式从中得出。关于活动着的时刻的位相分析学可能对间隙的长度并不感兴趣,就像关于几何组成部分的位相分析学对它们的大小不感兴趣一样。唯有它们的集合才是重要的。于是就有了秩序的因果关系、群组的因果关系。因为人们要把自己提升到那些更复合、更聪明、更受监管的行动的高度,所以这种因果关系就有一种更感性的有效性。

受其激发(déclics)模式的控制,运动模式很快就成了一个无意识的器官。它的运转可能因为劳累、老化、疾病而被拖慢或者破坏,并且柏格森非常聪明地证明,这样的一些破坏还不包括纯粹记忆力的减退。我们认为记忆(mémoire)被理性化,变得更灵活,因为它淘汰一切绵延的回忆(souvenir),以便保留对组成部分(éléments)之秩序的记忆。我们的这种观念促使我们得出这样的结论:纯粹的回忆(souvenirs)不仅一直在自己身上有效,而且在它们的集合中也有效。断开模式的居间阶段也许解释了为何人们保留的都是一些复合的和功能的回忆。人们也明白一种断开模式能把它的强力从一种精神转移到另一种精神。人们借助激发模式来建议、监视、指挥。

不要轻视这种人际心理学(interpsychologie)行动的重要性。因为这一方面表现在任何人身上,并且一种非常深奥的关于指挥与执行的辩证法在我们身上清楚地显现出规定的时间对经历的时间的压倒性优势。

四

确切地说,人们只有在意识到断开秩序的同时,才能做到在复杂而困难的行动中控制自我。人们只有在相信智识的因果关系高于生理的因果关系的同时,才有信心应对不确定性,才会支配在行为的每个细节中都会出现的犹豫不决。整体指挥部分。推理的严密(cohérence)会赋予展开的论述以一种结构的严密(cohésion)。例如,一篇长演讲的严密性需要它里面的一些连词来做支撑。偶然出现的跑题、细节不详、表达方式不正确,这些瑕疵造成的无序都是暂时的,并不会影响整篇讲稿的连续性。演讲的提纲作为一个统一原则和形式原因在起作用。这是一个断开模式。人们通过一整套简短的符号把这一模式保留在头脑中。

况且,这一演说的模式很适合用来说明秩序的因果关系。另外,人们知道,如果任意调换两个紧密相关的论据的位置的话,那么整篇演讲的效果都会大打折扣。同样,人们经过思考之后看到，最好的联系(liaisons)不是有关一种逐步形成的连续性，即与实际的展开同时的连续性，这一展开多多少少有点偶然。寻找这种逐步形成的连续性就等于把自己置于一群心不在焉的和不聪明的、对智识的连续性不是很敏感的观众之中。不，好的联系建立在被清楚区分和分类的论据之间，这些联系服从辩证法的理性主义的卓越原则，这一原则用雅克·马里坦(Jacques Maritain)的一句名言来形容再合适不过了："区别是为了结合。"

聚集于各自顶峰的行动、思想、讲演就这样具有了一种复合的连续性，且这种连续性很显然支配着正在被实施的次连续性。但是，当人们不限于把该连续性视为完全有逻辑性的、完全静止的一种渐变(gradation)的话，那么它更明显，并且看起来似乎更有效。事实上，它有一种动力效能(vertu)。它很迅捷。这一观点经常被人们忽视。或许，实验心理学对反应时间做过很多测量，但是，它都是针对反应行为或简单的行为而做的。它不注意解决较复杂问题的绵延。事实上，这种复合绵延似乎没有任何客观意义；很多偶然都可能使之迟滞，并且确切说，各复合行为之间的空闲或懒散的间隙似乎在随意地扩展。简言之，复合的连续性一直是有逻辑的，人们没想要弄清它的心理意义，就像人们把心理特征看作清晰介入其意识的最大努力中时所应该做的那样。可是，如果人们想回到自身，他们很快会觉得有一种很与众不同的特点，即当推论的思想把一个很严密的推理的各阶段迅速重新联系在一起时，它就会表现出这种特点。这种迅捷并非一种简单的速度。它还给其中加入了轻松、惬意和冲动的特点，这些特点赋予一种非常特别的力量一个确切的意义，我们可以准确地称之为理性的力量。这种理解力的能动性（dynamisme）需要意识到对一种形式的拥有。人们在第一次试验中感觉不到这种能动性，人们在第一丝光亮中看不到它的价值。确切地说，智识的因果关系必须被提高。这种能动性就等同于一次重新开始。于是，它就是结构与建构。这是导致自己在见到结果之后重新开始的一个原因。这是一种节奏。人们通过准备智识事件的接续而控制能动性，并因此达到一种真实的自在的接续，在此接续中展开和表达的绵延被清除，一切生理的义务尽可能被免除。

被清楚表现在经过推理的信念中的一切心理绵延就这样利用形式与内容的一种异质性和一个不断得到经验肯定的理性法则构建自己。绵延首先形成，然后使自己充实并把自己填满。占据着它们的东西不真的总是构成它们的东西。再说，次要、单调和无形的心理特点表面上连续的绵延，强化了行动与智识思维带有空隙的形式。但意愿的秩序显然依旧是先前的时间现实。如果人们忽视了这一首要区别，那么他们就缺少等级原则，这一原则是正确分析时间知识所必需的。人们不明白旅行故事是和它的地理位置有关。如果没有事先确定这一原则，那么就不可能很好地描写。如果不给出关键时刻之间的主要因果关系，那么就不可能描述时间心理。

这样一门关于填充的学说并非回归到关于满的形而上学之中，因为在形式与内容之间总是有异质性和形式的至高无上。如果人们选择一些时间固结(consolidation)例子，在这些例子中形式与内容之间的异质性特别清楚的话，那么他们就会更好地理解这种双重性的基本特点。为了处理这个问题，我们将参照迪普雷尔(M. Dupréel)曾精彩陈述过的有关固结的理论。这门理论带给我们一些关于绵延的主动构成的范例。他清楚地向我们指明，绵延不是一种资料，而是一部作品。为了保持它的完整性，我们将会专门用一章来讲解它。

第五章
时间的固结

一

因此，和我们的观点一样，这一观点也是从时刻(instants)与间隙(intervalles)的对立出发，换言之，它区分了被拒绝的时间和被使用的时间，即一方面是尘埃状分散的无规则时刻构成的无效时间，另一方面是统一的、有组织的和被固结成绵延的时间。对心理时间的描述包含放置空隙的必然性，这正是迪普雷尔有理由接受的东西，因为他视之为一种显而易见。我们接下来将要仔细看一下这些空隙如何被填满；我们会认定这些空隙的出现就是为了被填满；但是，当这种空仅等同于不同状态的简单区别时，我们显然必须确定，在显示心理演变特征的接续状态之间存在空。况且,赋予自己间隙在方法论上的必然性得到了一个形而上学理由的强化:人们必须直接或间接地给目的性(finalité),也就是说给一种决定(détermination)腾地方,这指的是一个较远的未来对现在的决定,人们赋予了这一未来某种深度。如果人们想观察到在那些活动时刻中存在着一种等次的话,那么他们自然就会承认一个重要现实,即存在着一种时间框架。因此,适应次要心理事件的框架将是一种循环性的适应。这种被级数化和等级化的适应将会避开针对一种连续和不知其所以然的适应的反对意见,因为在后面的适应中没有强调真正活动时刻之重要性。我们所说的适应将与通过形式因的适应相接合,后者还是柏格森关于创造进化论的基础。迪普雷尔正是把这种循环适应恰当地定性为固结。他在一本名为《固结理论》(*Théorie de la consolidation*,布鲁塞尔,1931 年出版)的书中对其进行了研究。这一研究非常有启发性,是一门受到社会学启迪的关于生命的理论。人们在对迪普雷尔的方法进行研究之后很快就被其中熟悉的例子所折服。至于我们,我们在阅读迪普雷尔的作品时也受到了很大的鼓舞,变得更有信心坚持自己乍看起来很不可靠的方法,这一方法是用高等来解释低等,用被思考的时间来解释已经历的时间。假如说某些社会形式在迪普雷尔看来如同"处于初期状态的生物"的话,那么我们也许可以在绵延的心理层面上做一个类似的翻转,并且我们肯定说被思考的时间是从处于新生态中的被经历的时间中来的。换言之,思想从某些方面看总是一种新生命的试验或雏形,是用其他方式生活的一种尝试,是更多或同样地经历一种超越生命的意志的尝试,正如齐美尔(Simmel)想要的那样。思考时间就等于给生命以框架,而不是从生命中得到一种因为经历过而理解得更透彻的特别明显的东西。这几乎是不可避免提出以别的方式生活、先改变生活而后再丰富之。那么,评论是感知,评论是现实。这是两种不同的对时间的深思时刻,人们在拜读迪普雷尔的既非常简单又十分深奥的时间哲学时将会看到它们。

二

为了理解《固结理论》,我们最好从迪普雷尔提出的物象出发来定义"共存被固结之物"(consolidés de coexistence),这些被固结之物本身很适合帮助我们理解"接续被固结之物"的现实,而我们感兴趣的正是这些东西①。"一般情况下,在任何生产中,我们能区别两种特点分明的接续状态:在第一种状

① 迪普雷尔,《固结理论》,前揭,第1页。

态中，要建造的物品的部件被集中起来并按它们应该的秩序被排好。但是，在工作时，这种秩序只通过外部的和临时的方法来保持。只有在第二种和最终的状态中，这些部件通过内部的调整，将保持在成品中所处的位置关系。在做木箱时，木工在短时间内把他要钉在一起的木板拿在手中。当钉子被钉进去之后，箱子就“自己立了起来”：它从我们刚提到过的第一种接续状态过渡到了第二种状态。这在铸造活动中更为明显。这一活动的双重性在其中似乎受到了模具和被铸造物体的双重性的影响。在水泥凝固之前，物体的各部件都已经按要求摆放好了位置，但是，维持这一秩序的是外力，这种外力就是坚固的模具。因此，存在着一种从临时秩序向一种持久秩序的过渡、一种从完全是外在的和无关紧要的秩序向一种内在和必要的秩序的过渡。迪普雷尔于是提出自己关于**接续的被固结之物**(consolidés de succession)[①]的观点。“因为空间关系而产生的东西并不会因为时间关系而产生？某些接续秩序首先不是得到了一个外部原因的保证，这些秩序接下来也许会自我支持，也就是说通过对它们来说不太陌生的一系列条件，通过一种从某种程度上说变成内在原因而自我复制？”这是一个提得非常巧妙的问题，这一问题让我们仿佛看到了

① 迪普雷尔，《固结理论》，前揭，第 16 页。

一门把生命与思想慢慢内在化的学说。这种由外在制造出来的内在正好与实体的膨胀相反，它在我们看来非常适合于一种绵延的模式，这种绵延由大量事件组成并构成一些有差异的时间现实。

让我们来看看这些被固结之物，这些绵延心理学的对象(objets)是如何构成的。这里最好的做法依然是从迪普雷尔给出的例子开始。

> 所谓的工业，即由联合在一起的人所从事的有目的活动立刻为我们提供了一些关于接续被固结之物的例子。一座挂钟不是别的东西。在制造了它的工匠想要校正它的那一刻，它已经是一个共存被固结之物，因此，需要另外把它变成一个接续被固结之物。

为了让它的时针每天精确地在表盘上转两圈，钟表匠必须按照地球的转动加快或放慢指针的摆动节奏。在此，地球、计时器和钟表匠一起作为外部的支承秩序。这一圆周运动一旦被调校好，与之相匹配的秩序就变成了装置的内在秩序；运输与固定活动被完成，一种接续的秩序就被固结。这一秩序在由整体向部分的过渡中被从外部带了进来。

只要每次一种秩序在社会中，或在记忆中，或在理性中变得稳定之时，我们都可以找到这种时间的固结过程。因此，迪普雷尔将为我们指出，从社会习俗向真正的道德标准的过渡是通过固结实现的："意识的内在秩序代替了利益的外在秩序。"在此，内在化依然表现得很明显。当我们接触个体心理时，内在化有可能将更难分清，但是，只要想着迪普雷尔的模式，那么我们还是可以辨认出内在化的行动。例如：

> 当儿童背诵寓言时，他首先是按照课本上诗句的顺序背的。在背诵的过程中，当他每次忘了的时候，他就会瞥一眼课文，然后接着往下背。这样，在他的记忆中那些"间隙"慢慢就消失了。印刷在纸上的顺序就这样被消除了。知道(savoir)就是曾经学过；人们所知道的东西的排列顺序首先受外在于我们的一种知性(entendement)力量的支撑，这一知性为了自己而将其固结，使任何外部力量(trame)变得多余。①

显然，秩序不是被简单而纯粹地记录下来，而是被忠实地重建，这种忠实是学习者经过深思熟虑的，是他想要的和得到他支持的，因为他自己有一些相同的动机。如果我们举一些

---

① 迪普雷尔，《固结理论》，前揭，第 19 页。

更开放的例子,大家就会看到,固结是在更主观一些的等级基础上开展的。

我们可以通过强调固结的方法轻易建立一套认知的理论。正如迪普雷尔所指出的那样,我们在一条注解中特别看到,演绎是对经验的一种固结化,推理是对演绎的一种固结化。这种普遍的应用似乎也导致了这样一个我们想得出的结论:人们使用的所有固结手段表面上看起来非常不自然(factices),但实际上都是自然的(naturels)。对我们来说,这些手段之所以不自然,是因为我们在其中仍然看到了自己的努力所留下的痕迹;我们明显感到,感知是在一种破碎的时空中被交付给我们的,或者我们至少意识到了感知在使用中的脆弱性;因此,我们被引导来固结这种感知;我们以自己的方式固结它,我们既用记忆术中所讲的方法,也用理性的方法。我们很容易责怪这种固结的努力让自然变形(déformer)了。我们在这样的批评中没有意识到自然一直需要被成形(formée),以及它确切是通过人类活动来寻找形式(formes)。在需要把人类活动重新置于自然的行动路线中时,我们将承认智识是一种自然的原则,并且经理性成形的东西显然是经一种自然的力量所成形。

因此,我们可以肯定说,固结以自然的方式被应用于认知领域,就像被应用于生活与社会活动领域一样。这种固结确实支配着形式的形成。确切说，它是形式因与质料因的总和。我们将会更好地理解迪普雷尔提出的这种特别有影响的直接结果(corollaire)，当我们对其进行思考之后："只有通过插入法才能实现增长。"我们不能太重视这种原理，因为它从外面看会给任何演变理论陡然带来曙光。一切推动力首先是从内部开始丰富自己的。决定动力的正是这种内在的丰富性。推动力(poussée)只是一种结果。迪普雷尔说得非常精辟[①]：

> 生命不是从一个原始的核开始，然后走向无限绽放；它似乎是从外向内、从散乱状态向最后的连续状态的一种发展与进步的结果。它从来就不是起源于某个序列的开头，而从起源就已经是一个自我填充的框架，或者是通过一种逐步的填塞而获得了稳定的秩序，如果我们可以这样说的话……生命确实是增长(croissance)，然而，像一片变大的织物或像开枝散叶的个体那样的扩展只是个别现象；生命最基本的东西是一种强度(intensité)的增长，是一种强度的进步。

我们要清楚地意识到，有人可能会把这种密集的进步作

① 迪普雷尔，《固结理论》，前揭，第38—39页。

为强度的一种实体化来思考。这一点都不神秘,如果他们研究迪普雷尔的理论的话。事实上,这样一种强度是从形式或从几何的角度被仔细分析的。它的发展细节与矫正过程是以推论形式展现的。

就这样从其分析方面被理解的一种时间变化(allure),将因此不可以首先使用连续的(continu)这一形容词;至少为了让一种时间步调的连续性看起来十分可靠、真实和确定,步子的间距(intervalles)将必须适当调整(aménagés)。没有这种内部的调整,形式将无以为继;它将如一个失败的开始那样消失。因此,一直需要用坚固性来支持连续性。我们最终将在连续性本身中发现多样性,如同在固结的过程中有多样性那样。例如,我们通过增加行为之间的强度或者通过调节互相有间隔的行为,来赋予时间变化以连续性。总之,自我丰富式的绵延与有规律的绵延是两类非常不同的连续性。如若我们的观点是正确的,那么时间心理的紊乱将会表现为两种主要类型:一种是根据时间固结的范围被触及,另外一种则相反,是根据间隔的内在调整被扰乱。因此,根据细胞将处于空的状态或它们将被一种无序的调整所打碎这两种情况,会有两种类型的精神迟钝(bradypsychie)。

无论如何,我们似乎觉得,这样一种关于固结与插添(intercalation)的形而上学,让我们关于一切进步都是以两种时间进行的重要直觉合理化和完整化：一种形式的位置和物质的插添是任何严密的，或确切说是被严密结合的、不单纯由偶然构成的任何活动的两个不可避免的时刻。只有这样一个被紧密结合的活动才可以自我更新并构成一种确定的时间现实。

三

除了这种为描述一种接续固结之物的构成，也就是说对一种真正的时间客体（objet）的确定而作出的努力之外，迪普雷尔还给自己的哲学增添了一种对时间织体之确切本质的检查。在这种检查中，迪普雷尔创建了一门关于因果关系的批评，他让人们看到了这一因果关系必然拥有空隙这一特点。他接着指出了概率在因果链的空隙中的干预。他就这样为概率论的新生做着准备，我们正想把注意力吸引到这一论点上来。人们将会在著作《原因与间隔或秩序与概率》（布鲁塞尔，1933）中，或者在1934年《哲学研究》上一篇名为《序列的概率》的文章中找到这种新概率论。

迪普雷尔确信，在因果之间必然存在一种区别；当这种区别简单出自这样的一种必然性，它就认可一种逻辑距离的存在。这种必然性就是提出两个定义，以确定两种被思考现象的一种时间间隔，总是与这一逻辑距离相对应。甚至在因果关系中的这种间隔有着一种与因果关系完全不同的本质。事实上,意外、障碍、偏离将会发生在这一间隔中,它们有时候会中断因果链条。我们必须把这种发生的可能性看作一种纯粹的可能性,而不是一种被忽视的现实。不是因为人们不知道什么会发生而忘记预测一种已知原因的绝对有效性,而是因为从因到果存在着发生或然事件的可能性,这些事件不以任何方式与已知原因相关联。尤其是,人们将永远没有权利给自己提供间隔。人们可以在科学领域构建某些现象,可以保护间隔不受某些干扰,但他们不可能排除一切干扰,这些干扰是不可预知的现象在从原因到结果的间隔中发生的。

我们到目前为止感觉到了迪普雷尔的概念与库尔诺(Cournot)的概念之间的亲缘关系。但在迪普雷尔的概念中多了一个细节,这一细节是决定性的。在前者当中不像在后者当中那样,确定偶然的东西是两条因果线之偶然相交,这两条线可能各自有一种严密连续性。事实上,根据库尔诺的直觉而被设想的偶然(hasard)不可能给一条或然的信息任何抓住自己的机会;它纯粹就是偶性(accident)。迪普雷尔的理论的闪光之处就是让我们明白或然已经与任何一个被孤立看待的因果链相关[①]:

---

① 迪普雷尔,《原因与间隙》(*La cause et l'intervalle*),第 23 页。

库尔诺那太过受制于传统语言的说法依然让人觉得偶然或者意外(le fortuit)本身只是一种事故,并且如同某种例外一样,还有一些没受偶然干扰的可能的和完整的事情(faits)在发生。意外的事情(fait fortuit)可能由两个具有另外一种性质的因素,由一些被引起的事实和它们的邂逅构成。这正是要避免的偏见;意外不是因果关系的一种寄生物,它无可厚非地处于真实(réel)的织构(texture)中……

事实上,任何已知的现实在一种类似于一系列接续或伴生的事件中都是如此,这些事件被视为同一个秩序中有规律的项,在这些项之间有一个一直被某些事件占着的间隔。如果我们只考虑这一序数系列的事件-项的话,那么我们一点都不会触及到一种现实,而仅仅是一个抽象的模式,因为假设有一座"专门的"桥是糟糕的形而上学,自在的因果关系好像就是这样的一座桥,这座桥也许会通过跳过一直存在于这一系列的项之间的时间或空间的间隔而把它们彼此紧紧地连接在一起。相反,如果我们声称触及并定义纯粹的间隔,也就是说在任何序数系列之外的一种类型的现实,这一现实在整个系列中被限定或与之相对立,这就等于在追寻一个鬼影:我们抓不住这样的不确定物。

因此，迪普雷尔不费吹灰之力就证明，他的观点正是考虑到了整个现实，也就是说既考虑了原因与障碍，也考虑了事实与可能性，以及已经发生和可能发生的东西。只强调原因的必然性，而在思想上排除实际上阻碍这种必然性发展的偶然，就等于是在真正从事经院哲学，就等于在进行一种抽象化。不管人们举出多么有效的原因，在其有效性的发展中将总会有一个为停止和偏离的可能性而存在的自由场所。我们必须重视这些可能性在哪里相遇、它们相遇的形式和它们发生的间隔，以从统计学上修改预期的结果。我们更有理由在对一种经过思考的行为的描述方面重视它们，因为在这一行为中可能性会变成决定性因素。

最后是关于迪普雷尔的新概念，这种在因果关系中被理解，又不脱离系列的可能性以一种非常单纯的概率的面孔出现：*序数的概率*。纯粹序数的概率，原则上受加法和减法这样一些简单的符号游戏的影响。简而言之，它所指出的事件(évènement)看起来仅仅比相反的事件更有可能。它没有被量化。对概率的计算的量化只在人们无法弄清可能情况的数量时才出现，比如说在人们无法弄清楚游戏到底有多少个组合的情况下。这些情况都是一些高度模式化的现象。当我们说的是一些被一大段逻辑距离分开的现象时，比如说生活现象和心理现象时，我们就在想，计算是否将永远可能。事实上，正是序数概率规定着一个人心理的进程。

这种简单的序数概率就是这种联系（le lien），它将会让我们明白，在越来越高的“突现”中时间的连接。实际上，每次在一种突现、一种超越自身的现象发生时，人们可以通过概率而不仅仅只通过因果关系来越来越清晰地看到决定着进化的一种因素。换言之，人们意识到生物和会思考的生物更多是被牵涉到概率中而不是必然性中。这种牵涉保留着一些自由，确切说是因为这与序数的概率有关。事后说明结果的被量化的概率，可以经由表面上是必然的法则形式表现出来。序数的概率在决定之前就面临抉择，这一抉择是将要采取的行为所提出的：这种概率带有某种倾向，但不一定朝那里发展。

从我们将如此简单地以序数概率形式出现的概率再纳入到行为中开始，对终极性的思考——就像迪普雷尔所说的那样——不再会被逐出有关生命的学说。甚至当终结没有被清楚看到时，序数概率却还是多多少少被影影绰绰的终结所照亮。终结有一种比任何偶然性都更大的序数概率，并且一种更大的序数概率就已经是一种终结。终结与序数概率这两个概念之间的关系，要比原因与被量化的概率之间的关系更近。有了这个新概念之后，很多反差（contrastes）在机械论（mécanisme）与生机论（vitalisme）之间被淡化了。在阅读迪普雷尔哲学时，我们发现自己获得了一些相当灵活的模式，以理解处于不同突现层次上的联系。我们将通过研究时间的重叠，从不同的角度提出这个问题。

第六章
时间的叠合

一

对音乐与诗歌美学的时间性研究，会让人们认识到节奏的相互关系与多重性。同样，现象学对纯时间的研究，也会引起人们对诸多时刻群组、诸多支撑着不同关系的叠合的绵延的重视。物理学家所认为的时间之所以直到今日似乎一直被视为唯一和绝对的，是因为物理学家首先是把自己置于一个特殊的实验层面上。时间的多元论（pluralisme）随着相对论（Relativité）的出现而出现。对于相对论而言，有好几种时间也许是互相对应的，并且它们保留各自客观流逝的顺序，但却不保留绝对的绵延。绵延是相对的。可是，在相对论的诸学说中,绵延的观念依然接受连续性作为一个显著特点。这种观念事实上是由运动的直觉所传授的。在量子物理学中就不再如此了。物理学家在这里处于一个新的层面上,并且决定其直觉的东西不再是运动(le mouvement),而是变化(le changement)。人们在同化不同的量子理论方面所遇到的全部困难都来自这样的事实,即人们用对地点的变化直觉来诠释质量的变化。如果人们想认真思考纯粹的变化,那他们会看到连续性在此只是一个简单的假设,而且是一个很糟糕的假设,因为他们从来没有试验过一种连续变化。因此,我们推定说量子物理的发展必然将导致间断的绵延观念的诞生,这些绵延将不具有我们直觉上所认为的那些连续轨迹具有的连贯特性。质的流变很自然就成了一种量子的流变。这种流变必须通过一种辩证法,必须经过另一个事物以便从同样的事物到同样的事物。

当然,如果有人能在波动与量子力学的基础上创建一门波动与量子生物学的话,那么我们将会很快看到时间的碎片化,这些碎片化会把与生命的微观现象相关的特殊统计学变成一种必要,目的是确定时间的有效性。勒孔特·杜·努伊(Lecomte du Nouy)的书在这方面给我们提供了大量有趣的建议。努伊认为,物理的时间只是个体生物时间的外壳,意思就是一束光波是无数光离子的外壳。因此,连续性只是时间叠合的结果[①]。我们可以做更深入的探讨，并且可以说一个织体(tissu)的时间是连续的，因为从统计学上看，它的那些基本单元(cellules)的无规律的时间却是有规律的。

但是，哲学家不需要深入到这些临时禁区中以同时接受时间的多元和不连续。很难保持在一种特别的沉思中这一事实，非常清楚地给他指明了一种由偶然组成的时间，这些偶然更接近于量子的无序，而不是理性的一致或真实的恒定(consistances)。我们相信，这种精神时间不是生命时间的一种简单的抽象。事实上，思想的时间对于生命的时间而言是一种更高层次的时间，以至于它有时候会支配生命的行动与休憩。精神时间有一种深层行动，处在与它自己的展开层次不一样的层次中。它理所当然还有一种处于纯粹精神层面的行动，正如我们在研究智识的因果关系时所试图确立的那样。在我们关于时间错综复杂的经验中，这些微弱的光芒不足以照亮我们前进的方向。可是，它们至少可以让人隐约看到我们观点的一个方面：时间有好几类；时间有一种厚度。只是在这样的情况下，即从心理上看完整统一的时间必然是有间隙的情况下，时间看起来才是连续的。时间只有在某种厚度之下才

---

① 努伊，《时间与生命》(*Le temps et la vie*)，巴黎，1936年。特别参看第四章。

看起来是连续的，这一厚度是好几种独立的时间叠合起来的结果。相反，完整统一的时间从心理学角度看一定是有间隙的，一定是辩证的。这正是我们在本章中还要用新论据来证明的东西。

二

我们之所以敢把一门伟大的学说作为我们个人观点的参照，是因为我们必须回顾一下与黑格尔有关的一些主题。既然我们只想做一个简单的教学者并学着勾画出时间波动的第一份草图，那么我们就不用从一种与黑格尔的形而上学一样艰涩的形而上学开始。我们也担心别人会指责我们故步自封于逻辑主义中，并运用一种与其说是时间的倒不如说是逻辑的辩证法。可是，当我们把这种辩证法与黑格尔的方法相提并论时，这种指责是多么不合适呀！这正是柯瓦雷在一本可以与书相媲美的小册子中找到的东西。事实上，我们从来没有这么娴熟和这么快地掌握黑格尔唯心主义的具体特点①：

> 黑格尔试图给我们的东西……并不是关于时间概念

---

① 柯瓦雷，《黑格尔在耶拿》，前揭，第444页。

的一种分析，恰好相反：是关于时间的概念，即抽象与空洞的概念，他打算通过向我们指出和描述时间在栩栩如生的精神现实中是如何构成的来消灭时间的概念。时间的扣除？构建？这两个术语都不合适，因为这里所涉及的既不是消灭——即使是辩证地消灭——也不是构建；这涉及的是在意识中并为意识本身整理和发现——不是以假设的形式提出——时刻、阶段和精神行为，时间的概念在这些精神行为中并通过它们而形成。

柯瓦雷通过指出黑格尔辩证法的积极与现实的特点来继续其论述。他所说的并非一堆彼此制约的、从外部看其目的似乎相互矛盾的逻辑术语，而是在两种被联结起来的辩证行动中被抓住的精神。从此，我们认为，在试图朝着纯粹的精神思想前进时，我们同时会到达内心矛盾的区域和存在与虚无的矛盾区域。心灵在思考自身时会强迫自己采取拒绝态度，因为它排除客观的思想；于是它把虚无重新引入自身；它回到了这种基本的精神焦虑，黑格尔曾经清晰描绘这种焦虑的显著特点。然后，通过拒绝存在而赋予自己存在这一事实，带来了一种康复与自动恢复的最少休憩保证，这还是黑格尔形而上学中的教训。最后，我们在柯瓦雷精彩的结论中找到的整个问题，正是关于分散与凌乱的精神行为的集中问题。黑格尔在为我们描述“时间的构成，或更确切说时间概念的自动构成”时，没有考虑“对时间概念，即抽象时间的抽象概念进行分析，这种时间也是出现在物理学中、牛顿的时间中、康德的时间中并与钟表走向一致的时间中的时间。这讲的是另外的事情。关乎时间本身，时间的精神现实。这种时间不是以统一的方式流逝；它也不是一个纯粹的通灵者，我们可能通过它而消逝；它既非运动的数量，亦非现象的秩序。它是丰富、生命、胜利。它本身是精神与概念”。

我们在此隐约看到概念与生命、思想与时间的重叠。如果我们能用自己的心理活动塑造出美丽的时间形象，换言之，如果我们能**有力地固结**精神性的时间结构的话，我们会毫无疑问地用对停留在精神时间层面上的困难的意识来抚慰黑格尔的这种焦虑。这种焦虑在生命中并没有自己的根基，因为对低等生命、对本能鲜有的连续性的服从将很快把它抹去，并且它会给予我们这种低层次的休憩，一旦人们走出这种休憩，就无法再待在其中。事实上，这就是思考的荣誉。因此，我们在自己寻找精神生命的高端、稀有和纯粹节奏的义务中被肯定。

三

因此，我们将试图从心理学上来探索叠合的时间（temps

superposés)。仅仅因为这些叠合的时间不具有相同的连接原理，被思考的时间和被经历的时间不能被想当然地认为是同步的。有一种高层次的相对论，这种相对论赋予精神的巧合(coïncidences)一种多元论，并有异于物理学的相对论，后者是在物种消失的层面上发展的。巧合的这种结构严密(cohésion)很难定义，但好几位心理学家都对它有预感。亚历山大·马克就曾这样写道①：

> 实用主义者很乐意宣称行动的优先性，但实际上，他让行动从属于实用的范畴，或者还可以说——这等于是一回事——他把人缩减为一种简单的生命体。依据此观点，我们就无法从根本上区别人与动物。然而，动物的"行动"缺少的正是这种"深入下去"的可能性，这种中断和反对的能力，一言以蔽之就是这种垂直的维度——它同时也是智识的维度——这种维度既作为人的本质，也作为无法掩盖的真正的品质出现：**即使"在"时间"中"，人也一直是站立着的**。这条与简单生命体的时间轴垂直的线正好给现在的意识提供了这些逃逸、逃跑、扩张、深入

① 《哲学研究》(*Recherches philosophiques*)，第四卷；《时间与人》(*Le temps et la personne*)，第132页。

的方法，这些方法非常频繁地把此刻与一种永恒相联系。[①]

受到闵可夫斯基(Minkowski)热情赞扬的斯图拉斯(Straus)和格布萨特尔(Gebsattel)的研究成果清楚指出了这种时间叠合造成的一些后果。依据何宁斯瓦尔德(Höningswald)对内在时间与传递时间，或者简单说对我的时间与世界的时间的区分，闵可夫斯基建立了连接的二重性以及两种时间彼此间非常复杂的依存关系。即使在正常的生活中，[②]"一种不和谐也可能出现在它们之间。时而，我的时间似乎比标准时间过得快：我们觉得时间飞逝，生活对我们微笑，并且我们很幸福；时而相反，我的时间似乎比标准时间走得慢，于是时间仿佛凝固了，我们萎靡不振并且被烦恼所困扰"。如果我们在这里看到的只是对造成我们"觉得时间冗长"这一印象的一种枯燥分析的话，那么我们就无法触及闵可夫斯基的直觉深处。事实上，这不是一个幻梦，而的确是一种心理现实，这一现实在对病理学个案的分析中是不可或缺的。因此，在内源性抑郁的一些状态中，"两种时间形态之间的反

---

① 参看里维(Albert Rivaud)，《对绵延的评注》，《哲学研究》，第三卷，第19页以下。

② 闵可夫斯基，《生命时间》(*Le temps vécu*)，巴黎，1933年，第278页。

差变得令人吃惊。在此,内在的时间似乎在故意放慢脚步,甚至停滞不前,并且时间结构的这种改变插进了潜藏的生物紊乱与临床上通常表现出的症候之间;据斯图拉斯所言,这种改变是生物紊乱的直接后果,它表现为一种生理抑制”。从某种程度上说,这样的一些病人似乎会停止一切活动。他们垂直地摆脱了世界的绵延。那么,为了让内在的时间向前走,就需要传递时间的一些特殊节奏来推进。这一方面特别有说服力的个案是斯图拉斯的一个女病人,她“只有在织毛衣时才能感觉到时间在前行”。

四

我们最后举一个令人吃惊的个例,这个例子发生在梦里,我们可以借之弄清楚叠合的时间的影响。在我买了房子并思考接下来还应该做什么的时候,我睡着了。由于长期的思虑,我在梦中遇到了我以前寓所的房东。于是我就借机跟他说我买了新房。我和颜悦色地跟他说话,因为我要告诉他一条坏消息:看着一位从不挑剔、诚实、节俭的哲学家租客离开,他会后悔的!接着,我用一种连我自己都始料不及的机智(这种机智表明对资本家而言,连续的时间是多么美好)暗示我的房东可以友好地解除我们之间的租约。我轻声细语、有理有据地讲了很久。我说话条理清晰，目的明确且对论据的运用恰如其分。突然，我看着我的房东：他静静地听我说话；事实上，他已不再是我的房东，而是一个男人。我反复而奇怪地意识到，这个人首先肯定是我的房东，其次是我变得年轻的房东，再次是一个越来越不同的人，直到我发现自己在跟一个陌生人讲自己的故事为止。我被自己的荒谬行为所伤，以至于在面对这个分心与时间的不和谐的新例子时，我非常恼火，因为这些不和谐是我不断"叠合时间"而在自己身上引起的。生气在梦中常常会打碎时间，于是我就醒了。

难道需要生更多气才能确认话语时间与视觉时间是简单的叠合，并且它们在梦中是相互独立的？视觉时间过得更快，因此，它如扣扳机般迅捷。如果我曾经摆脱过经济上的烦忧，如果我曾经能说得更快点，那么我本可以与视觉的消失保持完全一致；尽管梦在横向上很活跃，也就是说沿着生活中常发生的事件(incidents)的方向在快速运动，但它至少可以保持住自己垂直方向上的一致性，也就是常发生的巧合的形式。我跟刚代替了我的房东的陌生人说了一些客气话。我本不该继续讲我的事情：我本应该在倾诉对象变了的时刻就改换我的知心话。

但愿人们会站在不同步调的时间的角度来认真分析复杂的梦，他们将会看到研究叠合时间这种概念所带来的好处。

单从不同的感性时间之即时不协调方面看，很多梦似乎是支离破碎的。在睡眠中自主运作的不同神经中枢似乎是有着独立节奏的时间探测器。顺便说一下，这些孤立的探测器对时间的干扰特别敏感。事实上，我经常在安静的睡眠中感觉到脑子发出噼噼啪啪的声音，好像细胞在爆裂，好像一种部分的死亡在测试它可能带来的灾难。在细胞层面上来理解的时间应该更像蜉蝣或变形虫的时间；巧合应该是例外。当整个大脑像一窝蜂那样醒来时，从统计学观点看的时间同时重新恢复了规律性和缓慢性。况且，在醒着的状态中，现实首先是一种协调的理性。现实迫使目光等待话语，即等待客观上一致的思想，一种带来相互肯定的两个项的简单叠合，这种相互肯定常常足以给人客观性的印象。于是人们看到什么就讲什么，说什么就思考什么：时间的确是纵向的，并且整个沿着它的横向水道而去，担负着同一节奏的全部心理绵延。相反，做梦就是把叠合的时间分开。

五

但是，我们也许已经提供了相当多性质各异的参照，为了得到某种保障，我们用时间重叠触及了一个根本的问题。因此，我们将试图解释我们是如何提出调整研究方向以解决该问题的。

与传递时间、世界和物质时间垂直的时间轴是这样的轴，“自我”可以沿着这条轴开展一种形式活动。人们将通过逃离“自我”的物质、“自我”的历史经验来探索它，以便支持那些愈来愈注重形式的方面、“自我”的那些真正的哲学经验。最普遍和形而上的过程(processus)将是给我思分级。我们随后将回到最接近日常心理学的一些特殊例子上来。让我们马上去看看复合形而上学、复合唯心主义的这种努力：它用**我思我思故我在**(je pense que je pense donc je suis)代替了**我思故我在**。我们已经看到被**我思我思**肯定的**实存**(existence)将比由简单的思想所包含的实存更注重形式；如果我们最终要陈述在我们首先已置身其中的我思我思中是什么时，我们肯定不太想说我们是“一个会怀疑、会听、会设想、会肯定、会否认、会提要求、会拒绝，也会想象和感觉的东西”。我们将会避免就这样转向一种现象的存在，这一存在需要持久性以便被肯定。迪克罗在一篇思想性极强的文章中准确抓住了笛卡尔的我思的推论特点，即完全是横向的特点①：“在我(le je)和在(le suis)之间有一种从肯定到确认的关系。总之，自我的存在判断是

---

① 迪克罗(Ch. Teissier du Cros)，《重复、心灵节奏与基督教信仰》(La répétition, rythme de l'âme, et la foi chrétienne)，见《神学与宗教研究》(*études théologiques et religieuses*)，蒙彼利埃，1935年5月。

一种重复:在同一个层次上,即在现实的层次上,与事物的特殊经验相对照的自我的特殊经验对自我来说是类似的。"如果上升到*我思我思*的层次的话,这就已经摆脱了现象学的描述。再往前多走一步,即在*我思我思*后再加一个*我思*,即我们将要称为 3 层我思故我在的东西,接连的实存(existences consécutives)就会出现在它们的能赋予形式的力量中。我们进入了一种本体论的(nouménologique)描述之中,这种描述稍加练习,确实可以在现在时刻上相加,它通过这些纯粹的形式巧合勾画出垂直时间的草图。

于是,认为自己正在思考的*某人*将要多于认为自己正在思考*某事*。总之,我们带着这种活动目睹了个人的诞生。说真的,这种形式上的个人化之轴被指向与基本的个性,即所谓的独特使形式化的而深刻的个性相反的方向,但这种个性实际上被迷恋(passions)与本能的迟钝所累并被传递时间所拖曳。通过我们瞥见的被重新竖起的轴,存在(l'être)按照对自己的形式活动、对自己的思考程度、对复合的我思的层级的意识之比例,让自己的精神得到升华,并且存在可以在这一复合的我思中推动自己的解放。第一次脱离我思——例如脱离第 3 层(我思)或第 4 层(我思)的困难一被克服,人们就承认这种严格讲是重言式的心理学具有休憩的价值,因为在这种心理学中人会真正地照顾自己。于是,思想就完全依靠自身。

我思我思会变成我思我，与我是我同义(Je pense le je pense deviendrait le je pense le je, synonyme de je suis le je)。这种重言式是瞬时性的保障。

但是，人们会问，这一系列形式在什么方面会表现出一种时间特性呢？因为它是一种流变。或许这种流变位于事物流变的边缘，独立于物质的流变。显然，这种形式上的流变悬于现在时刻之上；它潜存于每个已过的时刻；它会如一枚火箭那样冲出地球，冲出自然，冲破一般的心理生命。这种潜能是一种有序的接续。打乱层级的秩序是不可思议的。这肯定是精神的一个**维度**。

人们会问这个维度是无限的吗？这样下结论就等于很快在一种非常有逻辑的和完全符合语法规则的诱惑面前缴械投降。因此，我们将不接受无限地使用一连串的虚拟式。我们尤其不会理会那些没完没了地谈论**认知的认知**的作者们……因为**知识的知识**……第 n 重(知识)不总是清晰地包含形式化的主观因素。至于我们，我们似乎很难从心理学的角度深入到第 4 层(我思)中。在我们看来，形式休憩的真正区域是第 3 层(我思)，我们会很乐意滞留在这一区域。在我们将要勾勒出的复合心理学的研究中，大家将会看到 3 重与一种很新的状态相对应，以便让人们在继续复合(composition)之前于其中做长久的练习。第 3 层(我思)是第一种被大幅减压的状态，在这种状态中，形式生命的意识带来一种特殊的幸福。

简言之，我们可以用多样的精神因果关系来粗略描绘不同时间层面之特点。这样一来，我们似乎觉得，如果第 1 层（我思）一直被包括在有效的因果关系之中的话，第 2 层（我思）就会较好地接受最终的因果关系，因为有的放矢就等于是为了一种思想而采取行动，在行动时人们意识到自己在思考这种思想。形式的因果关系只有与第 3 层（我思）在一起时才能显现出它的全部纯洁性。当然，这种在事物上，即在目的与形式（fins et formes）方面的分享，对任何线性心理学而言都是虚假的，因为后者通过把所有实体置于独一无二和相同的现实中，而将它们放在同一个层面上。在这一现实之外只有梦幻和精神错乱。但是，我们所维护的推论和等级的唯心主义并不只限于这种独一无二的现实主义的层面。如果我们想从叔本华的基本公理“世界就是我的表象”开始的话，那么把目的记入*表象的表象*（représentation）之中也算说得过去，并且在这些精神活动中被创建的形式把事情与目的包含在*表象的表象的表象*之中。从心理学的角度讲，通过顺着解放之轴，当人们摆脱了物质的藩篱之后，他们将不再为一件物，甚至不再为了一种思想而做决定，而最终是为了一种思想的形式而下决心。精神生命将变成纯粹的美学。

最后，个人的，即这种垂直的时间，显然是间断的。如果有人想要连续不断地描述一个我思的次方到另一个次方的过渡的话，那么他就会看到他是顺着时间的总轴线、顺着通常的时间来安排这一过程的。因此，他会对时间的重叠做出错误的诠释；他从这个错误的观念出发，即任何心理分析务必是时间性的，换言之，任何心理描述都是历史性的，且人们只有按照钟表给出的指示才能思考，然后思考他们在思考，然后思考他们在思考他们在思考。他们违背经过精心协调的形式化的基本即时性原则。人们不仅想在即时中，也想在心理巧合的等级现实中抓住这些巧合，因为它们给我们提供了不止一种线性发展的潜在性。对我们而言，精神在生命线之外无疑有一种推动力(poussée)。

因此，从时间上看，让我们活在第 3 层中，活在从我思到 3 重的层面上。从时间角度观察，这个与其初始状态和传递时间相对而言的第 3 种状态将会是有缝隙的。它将会被很长的间隙所隔断。于是时间辩证法将是显而易见的。连续性将再次位于别处；生命或原初的思想也许看起来将会提供这种连续性。但是，生命和原初的思想对那些将了解形式状态的人来说是那么的无趣，因为我们想在这种状态中停止生活与思考，以至于这种完全是物质的连续性将被无视。于是，我们将需要一种理性的严密(cohérence)来替代物质的结构严密(cohésion)。换言之，如果我们想让纯美学的思想被创造，我们就必须通过形式、通过对形式的召唤来超越时间的辩证法。如果人们保留着与普通生活和思想的联系的话，纯美学的活动就完全是偶然的。这种活动可能没逻辑，没“绵延”。为了在我思的第3层中绵延，我们就必须寻找一些理由来恢复似是而非的形式。如果人们学着把各式各样的心理态度形式化，那他们最终将会找到上述理由。我们将简略论述一下这种复合心理学的某些应用，并强调填满空隙的某些时间织体。

六

让我们立刻看一看一种理智的态度，在这一态度中存在着诸多心理抑制期，但却鲜有真正的正面行动。例如，让我们仔细观察假象的时间织体，并且我们会意识到这种织体已经不再贴在生命的连续轨迹上：假象（feinte）已经是一种时间的重叠。事实上，经过初次观察，我们不可能不为假象织体中的漏洞而感到惊讶。人们很难想象有一种连续的假象。甚至为了隐瞒，假象不可以太假。在假象中有一种对必要的和足够的理性原则的审慎应用，这使得人们试图平衡抑制（inhibitions）与行动。假象限制这些自然的膨胀，它倾听它们；它一定没有一种强烈感情那么绵密。无疑，假象趋向于用强度来补偿数目。它强化某些特征。它增加精细度。它给一些本来就更多变、更绵软的态度一种稳定性和硬度。简言之，假象的时间织体就是有空隙的，也是多波动的。

为了装假，我们就必须让本质上是断续的和不一致的东西给人一种连续的印象。我们必须增加时间织体的强度和规律性，或者像迪普雷尔一样，必须强化这个织体。为此光有应变能力还是不够的。应变能力只会让人见机行事，只会在物质世界的惯例层面上与世界的时间一起构成一种形式，该形式从心理学上看是没有真正被“强化过的”。一种完美的假象、一种积极的假象、一种不再是偶然的假象要求并入“我的时间”(temps du moi)。为了真正造成假象，人们必须解决这一悖论：把假象与“真诚的时间”、与几乎是自己被自己的骗术所蒙蔽的人的时间联系在一起。确切说，一些伪神经官能症就是这样真实地存在着。更简单说，我们正是通过把它们与“人的时间”(temps de la personne)联结在一起，而能够虚构这些假的冲动，这些假冲动同时驱动着他人与我们的活力。为了让谎言产生最大的效果，我们必须在某种程度上把个人的时间(temps personnels)堆叠在一起。如果没有这种按照我们自己的节奏所进行的应用活动，我们就不可能给假象一种有活力的信心。

这些看法也许显得既肤浅又不切实际。假象是确切的，为了在心理学上阐明这种态度，我们将请一名心理学家给我们描述一种特殊的假象，而不是描述“自在的假象”。我们特别想让他给我们描述一下如何用假来表达真，让他请我们体验一下意指(signification)的模糊性。但对于正在寻找抽象心理学动机的我们而言，正因为意义是模糊的，所以我们才可以更专心地思考它，并且假象在我们看来似乎是抽象心理学、形式心理学、虚假心理学的一个好例子，在这些心理学中时间将作为一个重要的特点被揭示出来。事实上，如果你抹杀了意义的双重性，如果你既不考虑人们假装什么也不考虑为什么假装，那还有什么东西剩下来呢？还有很多东西：时刻的秩序、位置、强度和规律，在这些时刻中假装的人决定做可能超出范围的事。正因为激发(déclics)模式更虚假，所以它在这里才显得更重要。骗术之纯粹时间的方面必须吸引住欺骗者本人的注意力。假装者必须记得假装。他必须维持自己的假象。当没有任何东西催促和强迫他时，他应该知道假装的时钟又敲响了。错过假装的时机有时候——并不总是——等于戳穿了假象。空隙众多的假象通过这种部分的遗忘而失去自己的“连续性”，这就是可能存在着无实效的连续体的“连续性”之有力证据。在假感情，即假象层次上的连续性不需要一种自然感情的连续性，这种连续性是非常关键和非常自然的。

把将我们与别人连在一起的东西分门别类(Sérier)，非常清楚地分门别类，可以很好地让我们适应他人的时间，如果可能的话，预见他人的异想天开，所有这一切不要求和他人在实体上的相等。但是，时间上的相等已经是人际心理学的一项重要任务。当我们实现了这种同时性，也就是当我们把两种不同心理现象的两种叠合互相打通之后，我们就会看到自己几乎掌握着替代实体参加的所有东西。思考的时间深刻影响着思想。我们也许思考的不是同一件事，但我们同时在思考着某事。多么美妙的结合！整个人际心理学首先应该提出时间的互通问题，并且不要在没有讨论的情况下把同时性当作一种结果。同时性通常是一种惯例；它有时是一种计算；它可以一直是一部经过精心剪辑和合理布局的作品。总之，在伪感触和所有的伪感情方面，同时性的问题对于我们来说至关重要：我们不应该任由时间毁掉时间的作品。同时也不需要强求时间。

通过假装，我们刚发现了一种态度，该态度被维持在空隙众多的、已经完全摆脱了生命时间的一切义务的、从某种程度上说是叠合于生命时间之上的时间中。为了让大家更容易理解我们的辩证观点和抑制介入（这些介入拒绝生命的暗示与联系）的重要性，让我们自问一下我们是否能够在互相叠合的时间中通过增强抑制行动触及间隙越来越大的一些态度。例如，我们能假装假装吗？如果能的话，那么与我们将要用第二层假装来指称的假装的假装相对应的时间形式是什么呢？

我们很容易收集到很多文学文本来证明假装的假装并没有从小说家们的笔下消失。乔治·桑(George Sand)在小说《贺拉斯》(Horace)(第XXIII章)中专门给它起了名字。在陀思妥耶夫斯基的作品中有成千上万个地方可以找到它的痕迹,以至于我们在想,陀思妥耶夫斯基的心理学是否是一门经过系统"组合"过的心理学、一门对自身进行反思和被提高到"层级"高度的感情构成的心理学。如果我们特意重读一下《罪与罚》的话,我们就会在其中发现很多第2层(假装)的例子,并且如果我们愿意使用自己提出的分析图式的话,那么我们就会意识到我们可以从这些图式中总结出很多特性。因此,第2层(假装)将比简单的假装有更多的空隙。当我们在假装的时时刻刻中比较那些从第1层(假装)上升到第2层(假装)的时刻时,我们将会轻而易举地看到这种现象。

但问题不只是一个文学心理学的问题。当我们对不同的人——特别是对女性——说话时,我们对假装的假装感到非常惊讶,因为我们很快就被理解了。"人能假装假装吗?"这个问题马上会得到这样的回答:当然可以。相反,一旦我们提出下面的问题:人能假装假装假装吗?这一切让我们晕头转向。第3层(假装)仅通过这种无序就提出一个很有趣的复合心理学和时间叠合的问题。事实上,尽管要保持在这种很稳定的状态中非常困难,但我们相信,人们可以凭一点经验来研究这种状态。当然,不要完全凭借字面的办法,并自认为要了解一种状态只需要指出它就足够了。带着这样的过度自信,人们可能很快就会确定有一些第 4 层(假装)、第 5 层(假装),以此类推。就我们而言,我们从来就没有真正超越过第 3 层(假装)。我们觉得,假装似乎可以借助没有任何心理学意义的语法就能超越第 3 层(假装)。在我们看来,这些假装能在我们一会儿将要陈述的意义上变成时间的假装。

排除了层级过多的状态之后,我们必须面对一些反面意见:有些人否认第 3 层心理的心理学现实。他们经常在攻击第 3 层(假装)时反对说,第 2 层(假装)已经是一种回归本性,并且第 3 层(假装)是一种简单的假装。这样的一些反对意见就等于让心理学以逻辑学为参照。它们把假装与一些确定的真实联系在一起,并且它们过于匆忙地认为否定之否定就等于肯定。从人们摆脱自己的自动翻转(inversions)起,从人们达到真正的心理上的翻转起,一整套细节就出现了,这些细节于是就成了多样性的托词。我们关于第 3 层"假装"的课刚一结束,几位听课者就想交给我们一些有趣的笔记。有一个笔记,即蒂布罗(L. Thiblot)的笔记非常有条理,于是我们就在这里一字未改地将它抄录了下来。

第一个假设。简单的假装。一位老师的课让我烦透了。但因为我坚持要让这位老师看到我，所以我就在他讲课时装作非常认真听讲的样子。我希望老师不会被我的假装所蒙蔽。

第二个假设。第二重假装。老师的课烦死我了。因为我们有理由要对这位老师表现得和蔼可亲，我就在他的课上装出很认真的样子，由于装得太过夸张，以至于老师不得不产生怀疑："这也装得太像了吧，这个学生是在嘲弄我！"于是我假装只是假装。我假装，但是，我希望老师不会被我的假装所蒙骗。

第三个假设。第三重假装。我觉得老师的课很有趣。但是，因为我跟同学打赌说我要很恶劣地对待他，我要让他相信我对他的课不感兴趣。为此，我用了如下的办法。我假装注意听讲并装得那么认真，以至于老师不得不反过来看待我那过分认真的神情。这里就是第三重假装：我故作学习状，以便假装出一种样子（缺乏兴趣的样子，这种表情本身仅仅是一种假的假象）。

如果我们从时间方面来仔细观察这个问题的话，我们将会看到，说这是简单的逻辑把戏的指责是站不住脚的。事实上，如果我们遵循全部的原初状态的话，那么两个否定就等于一个肯定。如果人只拥有一个时间轴线、只有一个织体、到处都有同样的连续性的话,那么上句所说的情况就是可能的。但确切地说,因为第2层(假装)比第1层(假装)有较多的空隙,第3层(假装)比第2层(假装)的空隙就更多了。为了更好地让人明白稀有的和被选择的时刻的影响,让我们采取一种纯粹的分析方法吧,这种方法应该能帮助我们学会假装假装假装的艺术。既然大家都懂得假装的假装,那就让我们把这种第2层(假装)交给言语,然后再要求目光来负责第3层(假装)。目光将可以通过一个眼神和精准的一瞥而做到这一点。我们在这里又找到了同样的时间的分离,因为我们之前在谈论自己的一个梦时提到过这种分离,只是这次的分离是有意的。每种被叠合的时间可以通过个体的行为得到巩固,一些不同的感性过程可能被嵌入在这些行为中。

最后,学生们又给了我们一些其他建议。这些建议中的大部分是要把越来越多的对话者作为筹码。我们这样就有可能从容不迫地让我们的社会时间变得多种多样,并给每个特殊的社会指定一种时间。每种假装状态或许由一个特别的范例来确定。A对B、C或D也许不是一样的。我们会很容易得到时间的重合,但是,这些叠合很少是有等级的。我们最终不接受这些过于简单的金字塔式的不同结构,并且我们又回到了一种时间的完全重合上,在这种叠合中,感情在某种程度上与自己相组合并作为实际上的"形式化"而出现。这种叠合是一种方法，该方法只有通过认真思考才能被很好地诠释，在这种思考中，形式被认为独立于其内容。于是，时间的模式确实突出了形式，并作为被观察的心理因素的一个典型方面而出现。

七

当然，我们可以研究其他的心理组成（compositions）：我们可以在当代情感哲学中找到很多像喜悦的喜悦、爱情的爱情、欲望的欲望等诸多叠合的例子。我们觉得从这一观点出发对保尔·瓦莱里的著作进行的研究也许会获得丰硕的成果。拉图尔（Jean de Latour）的杰作恰好是对价值的再思考、再评估和对形式的再造。保尔·瓦莱里的积极唯心主义的秘密确实就在于此①。

在这些心理因素中，困难还是从第3层开始出现的；事实上，人们从第3层开始进入纯粹的唯心主义。因此，在第3层（爱情）中，人们看到第2层（爱情）的快乐消失了，因为快乐一直是不稳定的。另外，这个第2层（爱情）依然被纳入第1层

① 拉图尔（Jean de Latour），《保尔·瓦莱里研究》（*Examen de Paul Valéry*）。

(爱情)的多样性之中。与对象(l’objet)的黏合仅仅与第3层(爱情)一起消失,第3层(爱情)最终是自由而忠实的,即它成了爱的纯艺术。

但是,我们的任务不是彻底研究层级心理学,并且匆忙做的这些笔记只想能对以后的一些研究有所启发。最后,我们想提醒的是,从一些时间特征出发做这样的一些研究是很有意义的。我们开始研究的动机如下:从时间角度看,带有第2层的态度显然比最初的态度有更多的间隙。一般而言,当我们提高分值系数,我们就会接触到间隙越来越多的时间。尽管有众多的空隙,但我们相信一种心理现象可以保持在持续快速的态度之中,而不需要依靠最初的心理特征。被理想化的时间于是在没有连续性的情况下也会是稳定的。这正是我们提出的有关时间哲学的主要观点之一。无疑,这样做似乎更简单,即把最初态度的连续性假设成最基本的,并把例外看成是一些独立事件突然在自然的发展过程中的喷涌。但是,这种最简单的解决办法并非我们的选择。它没有考虑到这一事实,即一些精神(esprits)可以维持在一种持续快速的思想、在思想的思想甚至在第3层(思想)中。我们似乎觉得第2或第3层叠合有它们自己的联结动机。我们说过的关于心理上的因果关系有别于生理上的因果关系的一切都可以在此处被重复,以证明理由(raisons)和形式会让没有真正深层依靠的态度稳定下来。在叠合的时间的发展中，人们通过仔细观察高层次的精神脉络，可以看到极其稀有的事件足以维持一种精神生命，足以推广一种形式。可惜的是，心理学家没有兴趣做这方面的研究，一名不怀好意的批评家甚至说这一领域就是子虚乌有。当代心理学更喜欢跟着弗洛伊德探索忘川，意欲在生命的源泉与激流中感觉思想。虽然纯粹的思想神奇地保持着同质性，但却在显而易见的非连续性中被揭示出来，并且心理学家要求任何心理现象都是一种与生命有关的对等形式、一种一直与生命的成长同步的东西。可是，心理现象(psychisme)的间隙越大，它就越清楚；它的那些序列(ordres)越短，它们就越强大。真正的行动时间是那些被镂空的时间，在后者中执行行动的条件仅仅是作为一些次要条件出现。当人们在人工心理学方面、在持续快速的态度方面寻找之后，他们将会意识到，行动时间(temps d'action)是被隔离开的，且这些时间的重复不完全受限于执行，而首先是受限于更高、更抽象的必然性。行动理由的严密(cohérence)将支配实际行动的严密(cohésion)。在各高级时间层次上的连续性将变成隐喻性的。它将更清晰、更具有启发性并更容易被恢复。

在我们看来，这种对隐喻连续性的承认，不应该被认为与我们观点背道而驰，因为对所有绵延来说都是这样的情况。为了证明我们的说法，我们将研究此种隐喻最常见的几例，这些隐喻被用来描述绵延的恒定行动。关于这些隐喻,我们将看到,连续性在某种程度上总是连成一体的(solidaire),换言之,连续性纯粹就是一个隐喻罢了。

第七章
绵延的隐喻

一

我们在前文中阐明的观点是，真正活动着的时刻之间的联系(liaisions)，一直是在与行动被执行的层次相异的层次上被实现的。如果读者了解了我们这个观点，那么他们就会像我们一样得出这样的结论：严格讲，绵延是一种隐喻。那么，人们就不会对这种随心所欲的幻想感到很讶异了，因为这种信马由缰正是柏格森哲学的魅力之一。事实上，如果我们把时间变成各领域(生命、音乐、思想、感情、历史)中的关系的唯一因素的话，我们就能找到一些隐喻来说明时间。在把这些或多或少是空白的意象叠合在一起的同时，人们相信能触碰到时间的满与时间的现实;人们相信能从空白和抽象的绵延——即存在(l'être)的那些简单的可能性被排列于其中的绵延——过渡到被经历、被感觉、被喜欢、被歌颂和被演义的绵延。我们再勾勒一下这些叠合:作为生命,绵延是一连串功能的组合——生命在其连续的自我意识中是梦幻——梦幻本身是带有插曲的一种精神旋律,这些插曲反常地自由而朦胧。最后,如果我们从互逆的角度补充说,这种旋律“可以被比喻成一个活人”[①],我们就创建了一整套隐喻,这些隐喻将构成连续性(continuité)的语言、曲调和摇篮曲。平静的绵延、平衡的生命、美妙的音乐、温馨的梦幻、清晰而丰富的思想,如此多的经验“将证明”时间是连续的。所有这些经验都是快乐的:绵延是幸福的同义词,或至少是一种善、一种禀赋的同义词。拥有的明显性支持着一种绵延的诺言。

这一切只有一个缺陷:任何经验都非自足;任何时间的经验都非真正纯粹。我们只需要仔细观察有关连续性的任何一个意象,就会一直看到间断的影线。这些影线只是通过杂乱而模糊的意象形成一种连续的阴影。我们已经好几次用过这个论据。我们在这里打算从特殊的隐喻层面上来丰富这一论

① 柏格森,《论意识的即时既定之物》(*Essai sur les données immédiates de la conscience*),第 76 页。

据，另外我们还将通过分析音乐与诗歌的厚度来丰富之。例如，在音乐层面上，我们将会指出，构成连续性的东西总是一种模棱两可的辩证，这种辩证在有关印象时却呼唤情感，在有关感觉时却呼唤记忆。换言之，我们需要证明旋律的连续、诗歌的连续是感情的重构，这些重构在真实的感觉之外因模糊、情绪的麻木、记忆和希望的混淆而在完全不同于我们所处层面的一些层面上被粘合起来，我们是被一种对纯粹音响的[①]共织构(contextures)的纯粹研究置于该层面中的。

> 让我们首先强调一下印象的这种退却，这种印象从现在追溯到过去，并给节奏、旋律、诗歌带来了它们初次产生时所缺少的连续性与生命。只需要一种对旋律的心不在焉就可以让这种退却戛然而止。于是接续的音符不再歌唱了，它们滞留在了质量与数量的间断性中，这些音符在其中被制造出来。感觉(sensations)不是自己连在一起，而是我们的心灵将它们相连。

---

① 参看奥托(Otto)，《神圣》(*Le sacré*)第153页注释。奥托注意到了柏格森方法中的诸说混合(syncrétisme)："实际上，柏格森那些变化不确定的概念是美学与宗教直觉和感情的表意书写符号。他通过把它们视为科学概念而混淆了观念与经验；席勒曾经指责歌德有过这种混淆。"

发声的织体(tissu sonore)的连续性是那么的脆弱,以至于一处断裂(coupure)有时决定着另一处的断裂。换言之,这种邻近的连接是不够的;这种部分的连接受一种带有较大漏洞的相互关联和一种整体连续性的限制。事实上,我们需要学习一首旋律的连续性。我们首先是听不到它的,而且对旋律的连续性的意识往往是对主题的确认(reconnaissance)所带来的。在这里和在别处一样,确认是在认知(connaissance)之前发生的。朗德里曾严肃地说过:"只听过一次一个节奏段的人是不会理解它的全部品质意义的。"①乍看起来,在音符的最初变化中,时间结构没有真正形成;音乐的因果关系尚未建立。结构与因果关系是在可能的领域而不是在真实的领域中被提出的。并且一切处于涣散与无动机中。于是,印象的循环就带来了一种形式上的因果关系。这种形式因果关系对形而上学家来说是与朗德里所援引的品质价值相对应的因素。

这种确实赋予了一种新形式的革新,可以在次要的和不对称的形式基础上产生音乐与诗歌的对称。这正是拉乌尔·德·拉格拉瑟蒂(Raoul de La Grasserie)想让我们观察的东西②。

---

① 朗德里(Lionel Landry),《乐感》(*La sensibilité musicale*),第29页。

② 拉格拉瑟蒂,《节奏中的心理因素……》(*De l'élément psychique dans le rythme...*),1892年,第2页。

> 两句诗相邻，我假设每句诗的两半句之间存在着音节数量上的不相等；如果这种不相等在第二句诗中被原原本本地复制的话，那么相同的节奏将会重现，内部的不相等将变成一种外部的相等。

换言之，复杂的同一性将超越细节的多样性；某事将在某种程度上被它的对称所完结。连续性的形成将有利于群组(groupement)。诗歌或更广意义上的旋律在持续，因为它在重拾。旋律辩证地自己演奏自己；它消失是为了重现；它知道自己将被吸纳进自己最初的主题中①。它这样给予我们的不是一种真正的绵延，而是一种绵延的幻觉。从某些方面看，旋律是一种时间的背信弃义。它许诺给我们一种流变，使我们在一种状态中更加坚定。当它把我们引到其开端时，它给我们的印象是，我们本来应该预见到它的过程。但确切说，它并没有源头，也没有扩展中心。它以循环方式泄露的开端如同其连续性一样是一种复合值。

如果我们现在来看初始主题的这种辩证的消失，我们确信任何重拾都不可以从旋律上被设想成与它最初的支配

---

① 参考于尔班(G. Urbain)，《心理学报》(*Journal de psychologie*, 1926)："旋律"(La mélodie)，第 201 页。于尔班提出的原则是"旋律的运动总是回到它的开端"。

(emprise)相关联。从一个副歌到另一个副歌所叙说的不完全是一种潜藏的记忆，更不完全是一种很清楚的期待。因为期待在任何时候都像在音乐中一样被动消极；事实上，只有当所听到的乐句被重复之后，这种期待才会变成有意识的。我们会不记得期待过它；只会简单承认我们本来应该期待它。因此，赋予旋律一种轻柔而自由的连续性的东西是这种潜在的等待，该等待只是事后才是真实的，它只是一个要谋取的机会、一种可能性。“建筑艺术！无用的比较，”莫里斯·拉威尔(Maurice Ravel)①曾经说，“有办法让一座建筑保持站立，但没有任何办法连接音调的变化。”实际上，连接由音乐之外的一些间接的东西所支持，由一些情绪的、戏剧的甚至是文学的价值所支持②。假如我们终止了伴随旋律的情绪起伏，我们就会意识到，被当作简单感性材料来看待的旋律会停止流动。连续性不属于旋律线本身。赋予这条线稳定性的是一种比感觉更模糊与含混的感情。

音乐活动是非连续的，是我们的共鸣给它带来了连续性。因此，音乐引发的情绪永远是时间综合无法彻底完成的试验，因为音乐的因果关系总是被延期，一直被系统地延期。它不

---

① 《音乐通讯》(*Courrier Musical*)，1910 年 1 月 1 日。

② 参考朗德里(《乐感》，前揭，第 185 页)，我们就是从该文中引用了拉威尔的话。

是逐步地行动。拉格拉瑟蒂非常清楚地看到了这种因果的延期在被他称为**不一致的和谐**(harmonie discordante)的基础中的重要性。

> 在音乐中,和声不总是即时就实现的;特别是在现代音乐中,作者经常把和声推迟一段时间,为了在经过一段时间的等待之后产生更大的效果。一个音符被奏出,另一个随之而来;如果演奏此时停下,就会产生不协调,就会跑调并缺少节奏感;此时尚不刺耳,但听众已经开始焦虑,有点难受,他们感觉到某种比饥饿感要弱的东西;如果这种状态保持太久,人就会心烦意乱,但音乐家及时行动,奏出把不是和声的音符变成最终和声的音符,这一和声是如此被期待、被寻觅,以至于结果更能引起轰动。

因此,剧情的地位要高于音乐,并且事后被理解的剧情的一致性使人重新回味旋律并给感觉一种连续性,因为这些感觉先前是在一种完全孤立中被体验到的。于是,人们会重新拿起整页乐谱,会发现音乐的目的性,这种目的性是真正带来旋律之因果关系的唯一可能的证明,人们就这样体会到了"这种特别的、纯音乐性的寂静,它同时超越了精神麻木与昏昏欲睡;音乐所产生的这种休憩作为对称物来自在其他地方打开着的不对称物的关闭……”[①]简言之，音乐留给我们充实与连续的印象，要归因于它所激发的情感的混合。从观察乐曲与时间的确切关系开始，我们就看到装饰音让乐谱变形，并且音乐并不适合用来对绵延进行形而上学方面的研究，因为它常常是一个带有欺骗性的隐喻。我们将根据伊曼纽尔丰富的研究成果来进一步阐述这一问题。

二

这位技术型学者在自己的著作《音乐语言史》中毫不犹豫地否定了对节奏测量技术至关重要的特点，也就是说他否定了只根据纯客观的时间节拍来进行测量的技术。他认为注重节奏测量的唯一特点是书写符号(graphie)，证据是精确的绵延不是音乐的主要本质。节拍首先曾是一种便于记忆的而非现实的再现。在现代技术中，节拍可以让人“直接看懂和表现节奏的步调”[②]。但是，节拍器是一个很粗略的工具。它是照布镜，而不是织布机。它甚至描述不好时间织体。它不可能

---

① 赛尔凡(Pius Servien)，《作为美学自然入门的节奏》(*Les rythmes comme introduction physique à l'esthétique*)，Boivin 出版，1930 年，第 45 页。

② 伊曼纽尔，《音乐语言史》(*Histoire de la langue musicale*)，第一卷，第 253 页。

调试这种清新的音乐，因为后者是飘逸的，是全部由步调(allures)构成的，并且是灵感的产物。伊曼纽尔指出小节线的角色被夸大了[①]："当小节线声称进入节奏的圣所时，"他说，"必须把门给它关上。它只是个小人物；它是照布镜；它均匀地分布在路上，并且像军事界碑一样没有权利宣称自己也属于风景的一部分。"伊曼纽尔举了一些例子，在其中很美的短短长格被小节线"切得乱七八糟"。在当代[②]，"小节线成了复调音乐的一种不可或缺的帮手，但并不标示节奏；它与节奏没有一点关系；节奏的数量只有在很少情况下与小节线标出的空间相等"。

朗德里在他的书中也抛弃了原来对时间框架的死板看法，这与时下流行的食古不化的观点相去甚远[③]：

> 有一种观念认为，在每个节奏的基础部分都可能存在一种无法分开的原初时间，但这种观念也应该被排除。我们确实在古格律学中找到了规则，但是，除了规则承认的例外，我们可以确定的是，朗读技巧的差异会让规则失去一切绝对价值。

---

① 伊曼纽尔，《音乐语言史》，前揭，第二卷，第 442 页。

② 同上，第 563 页。

③ 朗德里，《乐感》，前揭，第 25 页。

换言之，赋予节奏一种形态的时间关系很容易会变形。况且，如果音乐是不同绵延的一种融合和一种严格测定的话，那么我们反方向全部看完这些被精心安排的片段之后，也许就会重新找到一个新旋律。这种想法只有音乐誊写员才会有。“这证明……”，朗德里①说，“乐句的空间化不是自然而然的事情，而是音乐的时间性流逝似乎给我们呈现出来的不可逆转的特性：例如，在赋格曲中，听众越是容易接受主题的颠倒，向后的移动（rétrogression），即逆行的（*cancrizans*）运动就越看起来像是人为的、生气十足的、只有在阅读时才能觉察到的事情。”

但是，摆脱了节拍的这种规则和客观框架之后，节奏的步调将出现在一种更多隐喻的而非真实的连续性之中。在步调之间，辩证法将会更自由，音乐的时间将在其演进中被一种重要的相对性所触及。这样一来，所有的慢节奏可以随意处理。它们更主观而非客观。然而这些慢节奏构成了一些重要的区间，在这些区间中被延迟的情绪消失了。它们是一些松散的旋律。说到底，它们要比书写符号所标明的数量多得多。一颗略懂音乐人的心灵感觉并体验着这种规律性与自由的辩证法，这种被迟滞然后又被实现的情绪（émotion）的辩证法，这

① 朗德里，《乐感》，前揭，第 29 页。

一情绪随着整个旋律而跌宕起伏。

在更细微的层次上，一个音符的“绵延”在音乐上不是这些纯粹的、明显是原始的因素之一，就像普通乐理教师试图让人相信的那样。伊曼纽尔正好注意到了这一点①：

> 原则上……强度与时值有关，意思是在两个时值不等的因素中，最长的是被重复最强的。时值与力量有关：在最初的诗韵律学中，这是一种需要。在节奏韵律中，力量将呼唤时值。

他还写道：

> 古人所提出的原则依然在 15 世纪通用，并且一直被视为准绳，也就是说：除了特殊规则或说明，绵延与声音强度之间的关系是直接的。（第二卷，第 577 页）

从我们的观点看，直接关系这一事实非常值得注意，这显然表示是强度产生了绵延并且绵延——再重申一次——只是一种结果。因此，旋律是断断续续、时有时无和模糊不清的，

---

① 伊曼纽尔，《音乐语言史》，前揭，第 526 页。

这种不连贯可能是从声音的推动力中衍生出来的。这是高低声相融的区域,它并不介入节奏的精算之中。

我们可以在这些旋律现象的强度与绵延的互相干扰中找到一种对让·诺盖(Jean Nogué)[①]理论的说明。这一理论以一门能量学为基础,后者对感觉(sensations)进行了深入仔细的研究。该理论是要在一种感觉的发展中区分加重(l'appui)与冲动(l'élan);因此,它主要分析感觉的静态和动态的状况。在把这种分析与伊曼纽尔的发现相比较时,我们意识到了声音从加重那一刻开始向前冲的方式。为了持续,声音需要储存能量。这种储存在以动态方式被消耗之前是以静态方式存在的。为了准确测量强度,我们必须在声音的初始值中抓住它;从声音中流出的绵延提供的大小是不精确的。强度与绵延的这种复杂性的存在至少证明,绵延在音乐构成中并非真正首要的品质。

这种复杂性将更明显,如果我们意识到不仅强与弱的辩证法,而且高音与低音的辩证法可能和长与短的辩证法结合在一起。于是,我们真正懂得了旋律的原子化。里昂内尔·多里亚克(Lionel Dauriac)最终标出了这种原子化的阶段。他

---

① 我们可以在《哲学杂志》(*Revue philosophique* ,1932 年 7 月)上一篇精彩文章《秩序与绵延》(Ordre et durée)中找到关于让·诺盖理论的概述。

谈到了“低音与高音的二元性”。他首先承认从低音到高音有一种连续的变奏。两个“高点”将由“一个斜线”连接。但是，小孩忽高忽低的声音很快会把这条斜线变成“梯子状”。事实上，“从小孩能准确发出第一个音那天起，我们就可以说这是经过不懈努力获得的成果，因为从发音器官中发出的音终于不是咿咿呀呀的了。那这种努力包括什么呢？包括新生儿在低音与高音的模糊区间中逐渐对被分割成音响原子的一种模仿。为什么我要使用原子这个字眼呢？如果我们认为一个准确的音只要持续就会一直保持在同一音高，如果我们还认为音符在质量方面可以耐受一切程度上的变化的话，那我们很快将会明白一个不管是强还是弱的来和咪无论如何一直都是来和咪”①。乍看起来，这种观点似乎应该属于那些支持有一种预先连续性存在的人们，并且有人会反对说，音高与音质的原子化是次要和人为的。但是，如果我们仔细考虑一下的话，我们应该观察到，被当作是即时的连续性而提出的“连续性”是那么短暂，以至于人们不可能把它变成旋律线(trame)，以便在上面创建乐谱。反之亦然，原子化是如此早熟、如此无意识、如此缺少思考，以至于它在很多方面可能被认为是自然

① 多里亚克，《论文字语言与音乐语言的共同起源》(Sur l'origine commune du langage verbal et du langage musical)，《心理学报》(*Journal de Psychologie*)，1932 年，第 834 页。

的。正如里昂内尔·多里亚克本人所说的那样，连续性几乎不再只是“含混而杂乱的音品中心”。

因此，当拿一条尽可能简单一致的旋律线来看时，人们就会看到原子化原理在积聚。抵制声音现象论的这些原理并坚持要在绵延中看到旋律的实体是徒劳的。事实上，旋律和生命一样为有关时间的心理学提供许多隐喻。乐曲会在时间上欺骗我们，因为它本身附带有太多节奏，这些节奏建立在有声(son)与无声(silence)的辩证法之上。当我们指明了节奏的叠合之后，我们会更深刻地理解上面所说的情况。

三

我们在陈述关于节奏叠合的基本相对主义(relativisme)之前，还必须摈弃任何对绝对时间的参照习惯。我们在这里再次肯定了节拍的次要和实用的基本特点。同时性(Le synchronisme)不是靠对绵延的准确测定，而是简单地通过即时拍击出的声响而实现的。根据专家①的意见，“拍击是执行散乱节奏之最复杂叠合的一种办法”。无论拍击本身服从于一种简单节奏，还是它声称带来一条客观的、对于所有声音都适

① 伊曼纽尔，《音乐语言史》，前揭，第二卷，第378页。

用的规则，还是给有规律的绵延带来数学般精准的时间，这些也只是一些貌似有理的反对意见。事实上，拍击并不是作为绵延，而是作为信号而行动。它把巧合联结在一起；它总是根据一直可以被观察到的时刻把不同的节奏联结起来。况且，乐队指挥的行动比一个被校对得很精准的机械装置更有效。他确实是统一步调的大师，而非纯粹的绵延的分配者。他不仅管理绵延，还管理呼吸，并且我们正是在这里看到强度的价值超越了绵延的价值。乐队指挥应该经常让音逐渐变弱，而不是终止它。他按照加重的力度来测量冲动。他还用一个音区(registre)来加强另外一个音区，并且协调节奏之间的相互关系。

我们在此涉及我们在前言中对悖论的阐述。从拒绝参照一种绝对的绵延那刻起，我们就有必要明确接受节奏相互加强这一事实。实际上，把一个基本节奏作为所有乐器参照物是不合适的，因为不同的乐器是在互相配合并彼此带动。乐队指挥的角色就是让乐师们更有意识地努力维持这种相互关系。

连续与满的印象就来自这种相互关系。我们不是很清楚，到底是快节奏还是慢节奏在起带动作用，因为确切说是节奏之间的合作决定着带动。因此，我们确实不能把旋律与和谐分开。这正是乔治·乌尔班在短短几页中精辟阐明的东西[①]:“严格说,曲调的带动是依靠和谐的带动。”总有某种东西在伴奏,在提供支持。但是,这种伴随和支持,与被伴随和支持的东西一样不确定,这就是为什么我们可以接受于尔班的悖论:“甚至当曲调完全只剩自己,也就是说成了无伴奏时”,也需要一个潜在的带动力;“和谐于是被认为是不言而喻的”。可以说,当我们在听一支线性的乐曲时,我们在让它变得丰厚,我们在给它伴奏。我们在不给它提供伴奏的情况下不可能把它当成一个整体来听。如果没有音与心灵的这种求同存异,我们就不可能发现乐曲中的一个联奏、一个连续的绵延。

因此,结论总是一样的:一种同质的过程是无法演进的。只有多样性才能持续、演化、流变。而且一种多样性的流变是多形的,如同一支乐曲的流变是复调的,以防止把一切简单化。声音的绵延在各个方面上,即在曲调方面与旋律方面,如同在强度与音色方面一样,都是辩证的。因此,音乐隐喻更适合教给我们有关时间的辩证法,而不是给我们提供一些关于一种实(plénitude)的连续性的意象。只要人们不急于受那些总体印象所产生的整体效果的影响并愿意体验真正多变与自由的音乐生命就够了。

---

① 《心理学报》,前揭,第206页。

四

如果我们循着同样的分析思路来研究诗歌节奏，我们会得出一些同样的结论。但我们在此将只限于用一些观点来说明诗歌节奏是慢慢从一些对位旋律的概念中脱离出来的，并且这一节奏是通过把一些惹人注意的时刻结集起来，而不是通过测量一些统一的绵延来把自己算术化的。

甚至这些对位旋律的概念似乎不是被首先介绍的。拉格拉瑟蒂指明了诗歌中纯粹音响节奏的滞后特点。他认为韵律学的出发点就是诗句①，而诗句则"完全是心理的，是由时间的标度线(divisions)构成的，在这些标度线之间，词语——也就是思想——得到分配。圣经中的续唱就处于……这个演变点上……。(后来)因为每个字的长短不同，人们悄然从每个句子中相同数量的字数过渡到相同数量的音节，于是原始的诗句，借助音节推算法的诗句诞生了"。我们认为重要的是诗歌中精神诗句的原始特性及其对客观时间价值的优先性。如果我们想认真思考诗句，而不是在内在话语之上、在思想有空隙的时间中标出它们的格律的话，我们将再回头探讨这种心

① 拉格拉瑟蒂，《节奏中的心理因素……》，前揭，第 24 页。

理诗、这种无声诗。我们将意识到连续性本质上是辩证的，它是相反东西和解之后的产物，并且从时间上看，它由向未来的移动、推迟构成，或由向过去的追溯构成。

超现实主义诗歌为这种时间的辩证法、为这种纯粹的心理节奏提供了最好的例证。它之所以遇到逻辑心理学家与文学批评家的不解和反对，是因为他们企图通过给它规定连续性的模式(schèmes)，在不接受其基础，即辩证的自由的情况下来评判它。除了音响性，在初级心理现象的层面上，缄默可以缩短或延长，这不重要！人可以休憩或行动，可以使印象变得模糊或被另外一种不同的或相反的印象打断。于是，在印象确切的不连贯处，诗的因果关系出现了；它不管所有的中间环节，而是从一个中心远远地回荡到另外一个中心；音节的起伏只是一些伴流。成为诗人就是使时间辩证法增多(multiplier)，就是拒绝感觉与演绎的简单连续性；就是拒绝退化期的(catagénique)休憩，以便接受震颤的休憩、震颤的心理现象。

这种沉思默想的诗或许需要一种有声诗，在后者中回声将揭示深处的声音；但是，我们是从被思考的节奏开始来组织被听到的节奏的，而不是相反。至于音节的数目，即一种被铭记的节奏，我们一点都不可能保护它。在这一方面，为了支持我们的观点，我们只需要引用赛尔凡最近这几年有关诗歌节奏现象的研究就足够了。这些研究非常罕见。从某些方面看，它们与伊曼纽尔的发现有亲缘关系。事实上，赛尔凡曾指出，对绵延的测定远远构不成诗歌节奏的基础。或至少，这种对绵延的测定只支持一种人为的节奏[①]："人们通过仔细分析字来精准地确定绵延的长短，而没有意识到当言语之风吹过这些纸牌搭建的轻飘飘的城堡时，一切就会坍塌。字绵延的长短随着字在句子中的位置和对它的强调而变化。"真正的诗歌节奏由声调（tonalités）群构成。它是加强，是强度；绵延或多或少只是忠实的一种结果。"只有一种真正独立的节奏体系，并且这一体系支配着其他一切体系……。作为次要的节奏体系，也就是绝对受声调节奏体系支配的体系，我们先有音色（timbres），然后才有绵延。"

一种间断的柏格森主义可能会欢迎这些重音群组（groupes toniques）的实现；但是，节奏的价值将必须很自然地保留不同强度的驱动（impulsions）的非连续性，然后这些非连续性必须在一种非常同质的层面上与被记录现象相关联，这种休憩是由整个沉默的生命构成的抽象，它为我们提供了自己最基本的连续体。"然而，主要测定的是实际听到的震颤；而且更是**被觉察到的震颤**。"[②]然而，如果不清除无作用的差

① 赛尔凡，《作为美学自然入门的节奏》，前揭，第 64 页。
② 同上，第 27 页。

异，如果形式因没有对物质因形成绝对优势，那这将是行不通的。产生的声响与被注意到的声响相比什么都不算。于是，节奏就在抽象的层面上被构建，在这一层面上，精神将很快就会扮演一个积极的角色。赛尔凡下了这样一个普遍性很强的定义[①]："如果我们能从某事中区别出具有如下特性的元素集合的话，那这种事就可以成为节奏要素"："第一，全部集合中的元素具有相同的性质：如果其中一个元素引起人们的注意，那么这种注意力也就会对别的元素感兴趣；第二，同一集合的所有元素看上去是平等的；两个不同集合所包含的元素看起来是不平等的。"

在这种抽象层面上，在一段不变的时间中，事件(événements)的确切位置变得无足轻重，并且人们意识到频率的原则支配着尺度的原则。换言之，"多少次？"的问题优先于"多长时间？"的问题。或许有人会在这里指责我们使用了循环论证，而他反对的理由是：为了比较频率就必须给出相同的间隔。我们的回答是：对于间隔的"相等"问题的容忍度是如此之大，以至于它会毁掉任何关于尺度的想法。任何抒情诗都是按照重读音节与非重读音节的比例来分析的。这种计算方法忽略了绵延。

---

① 赛尔凡，《作为美学自然入门的节奏》，前揭，第 29 页。

我们理解赛尔凡曾经提出把这样一种被普遍化了的韵律学置于任何美学基础之中。我们提议将其置于任何时间形而上学的基础之中。

那么,就让我们来确定这种被普遍化的韵律学的重要的时间原则吧:这就是对一种形式的还原。一个字符如果能被还原的话,那它就是有节奏的。它于是就通过一种基本的辩证法持续下去。

假如一个节奏稳稳地调节着一个字符,那么它常常就会带动一些相关联的字符。在还原一种形式时,节奏往往恢复一种物质、一种能量。例如,“正在结束的音乐把它所创造的能量带向休憩。它经常把大部分原来是外来的能量带入这种休憩中。这些能量都是它之前获取和带动起来的”[①]。一门关于休憩的哲学将永远不会在这种既是形式的又是偶因论的因果关系上沉思太久,这种因果关系给出时间活动(sollicitations)的准确尺度。节奏确实是规制和保存分散能量的唯一方式。它是生命韵律学与心理韵律学的基础。节奏——而不是太复杂的曲调——可以为绵延的辩证法这门哲学提供真正的隐喻。

---

① 赛尔凡,《作为美学自然入门的节奏》,前揭,第 45 页。

第八章
节奏分析

就像我们之前所了解的那样，桑托斯极其复杂而丰富的研究，是以一系列评论(essai)的形式呈现的，作者本人认为这些评论都是临时的和需要再润色的[①]。我们既无意找出这些评论的主干脉络，也无意描述它们所展开的众多线索。我们只是想确定几个重要主题，并看看这些主题到底能在我们确定自己有关绵延的观点中起什么样的作用，我们的观点主要是辩证的，建立在波动与节奏的基础上。为了能广泛地让人们了解桑托斯的作品，我们在陈述过程中将会介绍一本巨著。桑托斯的作品在很多领域都提供了一些经验，这些经验应该促使劳动者去寻找新的思想。

---

① 桑托斯，《节奏分析》，前揭。

一

桑托斯研究了涵盖三种观点的节奏现象学:物质的、生物的和心理学的。我们大概只会看与前两种观点有关的内容,因为在这一本较薄的书中,我们主要感兴趣的是关于绵延的心理学基础。

现代物理学最重要的原理之一,就是假设物质转变成光波且光波反过来又转变成物质。这种如此轻易就可以互逆的转化很自然让人认为,从某些方面看,物质和放射是类似的。这就等于说物质和放射一样都应该具有波动和节奏的特点。物质并不是可以无限期地被搁置于空间中;它的生存在一段持续不变的时间中不是一直都非常稳定和惰性的。它在其中也不像某种自我消耗与自我分散的东西那样存生。它不仅对节奏非常敏感,而且顽强地存在于节奏层面,并且它用来开发某些细节的时间是一种波动的时间,该时间只有一种方式可以让自己保持原样,那就是它有规律的频率。从我们研究物质不同的实体力量的细节起,这些力量就会作为频率表现出来。尤其是,我们一进入不同化学物质间详细的能量交换,就会看到这些交换是按照节奏的方式,并一定是借助有固定频率的放射进行的。表面上,被粗略估计的能量无疑会失去自己的节奏并放宽自己波动时间的比例；于是，它将作为总结果和总结而出现，在这一总结中，时间本身却失去了自己波动的结构：人们按照百瓦时来付电费，按照吨来付煤钱。但是，我们毕竟还是被振荡（vibrations）照亮并被它们温暖着。更稳定的能量形式不应该让我们产生错觉。气体的动能理论已经告诉我们，被装在气泵里的气体通过一连串不均等的冲击把活塞维持在一种恒定的水平上。无疑，一种时间的协调突现在冲击之间并不奇怪，并且活塞在同步冲击的简单作用下发生没有任何重大缘由的跳动也不足为奇。但是，物理学家确信：法则是由多数现象所确定的；一些冲击在时间上的协调几率可忽略不计。固体的动能理论几乎会以同样的方式向我们指明，最稳定的形象（figures）所获得的稳定性归因于节奏的不协调。这些形象是一些统计学上的形象，与一种时间的不协调相关，仅此而已。我们的房子是用无序的振荡盖的。我们走在无序的振荡上。我们坐在无序的振荡上。几个世纪以来，那些凝神静气地矗立于沙漠中的金字塔群是一些冗长的噪音，单调而无聊。一名曾把物质节奏协调起来的魔法师，即物质的乐队指挥可能会让所有这些石头消失。纯粹时间可能爆炸，这种可能性清楚表明物质节奏的基本特点，因为这一可能性的唯一原因是一种协调行动，而这一行动是按照与不同元素有关的被叠合的时间来实施的。

如若对单个微粒进行研究,我们得出的结论也将是相同的。如果单个微粒停止振荡,那么它就会停止生存。从此以后,不可能再设想一个物质元素的**实存**而不为其设定一个固定的频率。因此,我们可以说振荡能量就是**实存能量**。为什么我们没有权利把振荡置于原初的时间的层面之中呢?我们不会犹豫。对我们而言,原初的时间即振荡的时间。物质存在且仅存在于振荡的时间中。物质之所以在静止中具有能量,是因为它存在于振荡的时间之上。于是,把时间作为一种**均一性**(uniformité)原则就有可能会遗忘一个重要特点。必须赋予时间一种天然的二重性,因为这种振荡所固有的二重性是它的有效属性。我们现在明白了桑托斯毫不犹豫写下的话:"物质和放射只存在于节奏中且只以节奏形式存在。"①这里并不是一种受到有关节奏的神秘主义启迪的宣示,因为与之相反的情况太常见了。这里真正是坚实地建立在当代振荡物理学原理基础上的一种全新的直觉。

从此,最根本的问题不是要思考物质是如何振荡的,而是要思考振荡是如何获得了物质的外观(aspects matériels)。因此,实体与时间之关系的学说以一种全新的形而上学的形式

---

① 桑托斯,《节奏分析》,前揭,第II卷,第I节,第18页。

出现:我们不应该说实体是以节奏的形式发展和被表现出来的;而应该说有规律的节奏以固定的物质属性的形式出现。物质面——加上它表面上看起来丰富的非理性——只是一个很模糊的面。严格说,物质的面是已实现的混乱(confusion réalisée)。化学研究针对的不是一种原材料(matière),而是一种纯物质(substance pure),这一研究迟早会导致把这种纯物质的确切品质定性为时间的品质,也就是说完全具有节奏特点的品质。光化学(photochimie)已经在这个方向上提到了一些真正的新物质,振荡的时间(temps vibré)在这些新物质上打上了自己的印记。我们可以预见,化学家们不久就会用统一和节奏同步的时空造出一些物体。换言之,想把直觉与现代科学的需要协调一致的形而上学家必须用对称-节律(symétrie-rythmie)代替在前布罗格利时代所使用的双重一致的时空。

正如我们看到的,现实主义需要一种真正的形而上学的颠倒,以便能符合振荡唯物主义的原理。这一点正是我们打算在另外一本书中论述的问题。我们要在未来的书中列举出科学依据。我们也不会在里面讨论一种被颠倒的现实主义是否从根本上说依然是一种形式主义。目前,我们或许只需要勾画出节奏分析的物理基础,并指出这种更确切说是生物与心理学的学说源于一种普通的形而上学的视点。

二

我们亦将简短介绍一下桑托斯曾努力撰写的关于振荡生物学的评论。作者提议对大量事实，特别是在顺势疗法(homéopathie)中找到的事实进行“振荡式”诠释，也就是说对用个别的放射替代实体行动进行解释。在顺势疗法中一直很常用的稀释法，总体说来有利于医疗实体的振荡的延迟(temporalisation)。这种诠释很有道理，但是，它实际上还是没有完全脱离传统的实体论诠释。因此，我们应该做一些不同的实验——例如，按照振荡方式设计的医学上的真正的干涉——以便使桑托斯提出的震动形式完全合法化。让我们试着简单地从形而上学的角度来为实体与节奏的两个既对立又互补的观点赋予特性。

实体论者的日常直觉首先遭到反对，这在某种程度上是因为顺势疗法的存在。事实上，以单纯的，也就是说以纯粹的形式出现的实体论的直觉，是希望一种实体按照与自己体量相符的比例来发挥作用，至少不要超出某种限度。人们可以接受存在一些过量使用就会产生副作用的低浓度的药物。但是，人们很难轻易接受由顺势疗法师们使用的那些高度稀释过的药物的有效性。只要人们认为医疗实体是一种数量的现实，那么他们就不容易理解一种实体能在与数量成反比的情况下发挥作用。同样，人总想把符合卫生标准的食物的实体与其重量关联起来。

人的身体像个仓库，其中任何一个货架都不可以是空的。人必须每天吸收来自各类食物的一定数量的营养，这些不同食物作为物质在经济活动中应该能再生。在这里，人仍然把对数量的直觉放到了第一位。

我们可以借此机会着手对拥有某种东西的感觉进行精神分析。顺势疗法学家很容易受到别人的嘲讽。这些嘲讽之所以大行其道，无疑是因为人在身体上和物质上所拥有的东西给自己带来的乐趣在起主要作用，而这种快感则是对消化与变胖的意识所产生的后果。顺势疗法和振荡卫生学正是要针对这种吞咽的快乐所带来的主要和即时的安全性作出反应。这些关于小剂量的理论不仅有实体的观念，而且有明显的强大的感觉，这种感觉就是人们在拥有一个实体、在拥有储备和资本时的那种感觉。

我们开始虽然有点懵懂，但让我们权且接受顺势疗法的事实吧，并让我们看看桑托斯如何从节奏分析的角度来诠释它。对他来说，同化与其说是一种实体的交换，还不如说是一种能量的交换；同时，因为能量在其细微的变化中始终保持着自己的振荡形式，桑托斯提出在被吸收的实体和已同化的实体之间系统地引入一种辐射。况且,“已同化的实体”(substance assimilée)这个短语并没有多少意思。如果只是一种简单的储存的话——正如在脂肪细胞中那样——那么我们打交道的对象就不是一种逐渐演化的(anagénétique)生命行动。我们必须在实体消耗、摧毁自己的时刻抓住它的行动。(我们没有说在实体转换的时刻,因为振荡唯物主义可以假定物质的毁灭。)然而,从振荡生物学的角度看,如果一个实体不让自己以振荡的形式延迟(se temporalise),那么它就不可能真正发挥作用,因为会自取灭亡。它被储存之后就会被困在惰性的空间中。它只能在那里面起作用,也就是只能在自己身上起作用。为了走出自我,它必须拓展自己,并只能以波动的形式扩展自己。外部的行动必须是一种振荡的行动。另外要激活和唤醒一个被储存的实体,一种振荡波的不断干涉将是必要的。因此,为了搞清楚一种食品或一种药物的作用,我们必须回到激活阶段(période d'activation)。

从此,应该从节奏到节奏而不是从东西到东西来评估治疗行动。我们正常情况下需要什么样的振荡呢?这确切说是与生命有关的问题。什么是正在停止或正在被激活的振荡呢?什么是要再加强或减弱的振荡呢?这就是治疗的问题。

但是,这种总体观点如何能协助解释顺势治疗的现象呢?因为剂量被极大地稀释了,所以药用实体就能传播节奏。

事实上，在大剂量的情况下，实体在某种程度上会吸收自己的节奏；它与自己产生共鸣，而没有扮演外部的刺激性角色。它逃脱了不可或缺的毁灭，忘记了与虚无共舞。它自我复原。事实上，辐射物理学非常清楚地表明，实体主要通过表面元素产生作用，且深层各部分的辐射被辐射材料本身所吸收。因此，对顺势治疗中使用的药物的稀释是它产生振荡行为的一个条件。

同样，我们将会明白，香味有一种消化作用，因为香味是很微妙和稀有之物，因此，这种作用就更有效。事实上，这些复杂而脆弱的实体很容易解体或被中和。然而，一种重归虚无的实体会引起一种放射。“毁灭之波”在这里将极具穿透力和活力。伊壁鸠鲁主义赋予气味和味道一种简单的开胃价值，它在事实面前看起来应该是肤浅而不足的。乐趣有一种深层的效用。我们在想，一门关于感觉的节奏分析的积极理论，是否不能完整补足既十分消极又易于接受的传统理论。于是，刺激将是一种共振，这种共振与由特殊实体的毁灭所产生的特殊振荡相对应。因此，应该改变全部助消化的标准。对深层次的伊壁鸠鲁主义来说，美酒佳肴是必需品。这些美妙的、经过精心调配的“酊剂”给我们带来了众多植物罕有的香精。它们是一种令人兴奋的顺势疗法的源泉，并且在更重要的生活方面引导我们前行。因此，我们需要把这一原则置于节奏分析卫生学的基础之中：小原因大结果；小剂量大成功。于是，一门关于微进食（micro-alimentation）的艺术可能会被创立，如果我们敢使用一个如此怪异的字眼的话！这一字眼虽然不规范，但它很庆幸地包含着一种非物质化的生活。首先，我们将要整理出这种微进食的时间特点。我们用一种微食粮吸收绵延与节奏，而不是吸收实体。实体仅仅是一种流变的机会；纯粹的本质仅仅是一种振荡的时间。人们将把这样的必要性作为基本原则，即支持有用和正常节奏、有助于个人节奏与自然节奏的协调、保持荷尔蒙的平衡。我们永远不会忘记一切交换都是通过节奏实现的。生物节奏分析的任务是对所有这些节奏进行编码，并赋予机体与实体的总体以"交响乐的"价值。如果被稀释的实体基于典型的波动效果的话，那么我们可以更容易理解某些波动的直接后果。这些特殊的放射可能是特殊的实体的替代物，并且桑托斯刚好提出了一种关于振荡与维生素之间的可转换理论①。"某些科学家，包括桑塔尼（Centani）教授在内……都相信在维生素中存在着电荷；因此，他们认为这些电荷就是一些离子，并用可能是生物层面的一些现象来解释这些离子的作用，这些生物现象类似于物理学中的辐射。罗森

① 桑托斯，《节奏分析》，前揭，第Ⅰ卷，第Ⅰ节，第26页。

海姆(Rosenkeim)和韦伯斯特(Webster)就曾经明确说过,紫外线有类似于维生素D一样的作用。紫外线所提供的光子和维生素D所能发出的光子(photos)的频率是一样的,而后者的光子也是吸收自阳光。"顺便说一下,这就解释了为什么可以对某些分离出来的盐的医疗作用进行节奏分析。我们接下来看到的是辐射与实体之间非常灵活的可转换特点。我们因而可以肯定说,某些化学物质给机体带来的不是一整套特殊质量,而是一组节奏,或者,如桑托斯所说的那样,是"一团光子"。

再说,没有任何东西可以反对说,顺势疗法的一种具有纯粹振荡形式的实体后来就不会以实体的形式被重构。事实上,确实存在着从材料到波动并从波动到材料的精确转换。微实体的角色也许仅仅是激活天然的生物振荡。我们也懂得了过度稀释的剂量比大剂量更能完整地被保存,因为它可以被恢复。我们得出了这样的悖论,即结构和节奏严密的无限小比初级的和惰性的材料更不容易消失。

确切说,桑托斯给这种实体活动的节奏理论增加一种相反的假设,即关于某些节奏的固结(concrétion)的假设。这就是关于毒素的波动而形成的有趣假设:难道某些细胞意外地接收了具有危险频率的节奏?于是就有"毒素的潴留"

(rétention toxinique)①。假如没有会固结和吸收有害辐射能量的毒素的形成，一点小麻烦就可能就是致命的。随后就有可能发生一系列由微生物引起的变化，这种可能性也许能成为一门波动细菌学的基础，并且也许可以阐明很多问题。但是，如果说桑托斯的解释严谨而丰富的话，我们却没有看到他所提供的一些特殊实验，这些实验可以让人们在实体主义的诠释与波动的诠释之间做出抉择。可是，把传统细菌学解读为波动的这种可能性已经是一个了不起的成果。

另外，不管实验室里的结果是什么，我们在桑托斯的思想与努力中看到了一种重要价值，即他曾经指明振荡在生命根基本身中的真正初发的特点。假如惰性物质已经与节奏组合在一起，那么生命就应该通过其物质基础而具有深层的节奏特性(propriétés)，这是非常肯定的事情。但对生命过程的节奏分析的必然性却是以突现的方式被引入的。既然生命严格讲是物质的转变，既然它不可能一直依靠物质的转变，一直依靠同化作用与异化作用的双重游戏，那么它就必须借助一种波动的能量。生命似乎只是在其统计学的和总体的步调中跟随着一种时间的连续性与均一性。在使生命出现的基础转变的层次上，生命就是波动。在这种意义上，它直接属于一种节

① 桑托斯，《节奏分析》，前揭，第1页。

奏分析。

另外,如果我们愿意回想一下,由有机活动所形成的物质是异常复杂和脆弱的话,那么我们将会倾向于认为,活性物质比惰性物质在音色方面更丰富,对回声更敏感,更倾向于发出共鸣。所有威胁毁灭它的东西、所有想毁掉它的那些半死不活的东西、这个极力诱惑自己存在(être)的整个活动的虚无区同样是振荡的机会。对同化来说也一样:任何结构的获得,都伴随着一种对多种节奏的整合。成功的生命由一些井然有序的时间构成;它在竖向上由叠合在一起的整齐划一的时刻构成;它在横向上通过被统一在一个角色里的接续时刻的节奏与自己相连。通过在生命的不同高点抓住它并研究——正如我们现在要做的——精神的节奏分析活动(这种最精湛的琶音),我们将会更好地感觉生命的有节奏的步调。

三

我们可以在这里逐字逐句地重复我们之前说过的全部东西,它们与生命的必然波动之突现有关。事实上,有意识的生命是一种新的突现,这种突现是在这些稀有、孤立、松散和非常有利于波动形式的条件下被实现的。在任何这类过程中,被投入的能量越小,能量交换的波动形式就越清晰。因此,精神能量在生命能量当中应该是最接近量子和波动能量的能量。因为这种能量，连续性和统一性（uniformité）才是最异常、最不自然和最容易受到人操弄的。心理特征越往高处上升，它就越波动。在从物质到精神的过渡中，在物质与记忆之间，我们可以建立一个完整的研究计划，这些研究能让我们意识到重复因素的重要性。由节奏分析指导的顺势治疗将提出一些着色与褪色的交替期，与此相同的是一门节奏分析教学法将创建记忆与遗忘的系统辩证法。宽容而心善的教育家们说，人们很清楚自己忘记的和重新学了七次的东西。虽然这些教育学家自以为人的本能反应会保护精神不被不可吸收的知识压垮，可是他们尚未着手在这一点上提出一些遗忘法、一些“褪色”法来助力这种本能。暑假远远不能当此重任，因为假期时间很长，也没有被纳入文化、学校的时间织体之中。因此，学校的节奏是完全不均匀的；它完全与休憩哲学所阐述的基本原则背道而驰。必须把摇摆不定放入工作时间之中。我们可以学习节拍器数学。这是一种方式，目的是利用精神突然出现的摇摆不定。

但是，我们将不会进一步强调这一特点，即不同突现的波动会愈来愈清晰，并且我们将会先提出一个特别的问题，用于测定节奏分析的心理范畴。它就是精神分析学与节奏分析的关系问题。节奏分析比精神分析学更系统地寻找精神活动二重性的动机。它重新找到了无意识的趋向与有意识的努力之间的差别;但它比精神分析更好地平衡了向着相反两极而去的趋向,心理现象的双重运动。

事实上,对桑托斯来说,人可能因服从于无意识和混乱的节奏而痛苦,因为这些节奏缺少一种真正的振荡结构。可是,人特别痛苦的是他意识到自己对更高层次的精神节奏不忠诚[①]:"人知道可以超越自我",并且他有需要和兴趣自我超越。升华不是一股黑暗推力,它是一种呼唤。艺术不是性取向的一种权宜之计。相反,性取向已经是一种美学倾向;它被深深地包藏于一整套美学倾向之中。桑托斯把节奏分析建立在主张创造说的哲学之上,建立在所有倾向的一种积极升华之上。这是一种积极的、有吸引力的、超出一般水平的、主张创造说的升华的缺乏,这种升华打破了精神分析中情绪矛盾的平衡,扰乱了心理价值的规则。无法实现一种理想的爱情,确实是一种痛楚。无法**理想化**一个被理想化的爱情则是另外一种痛楚。

我们在此处于桑托斯理论的关键点上。因此,让我们试着确定创造主义是如何把一种情感的波动强加给心理现象的。活人(L'être vivant)想走出自己的状态吗?他想听命于

① 桑托斯,《节奏分析》,前揭,第 II 卷,第 I 节,第 5 页。

自身的冲动吗？他会拿自己的一部分力量和能量来冒险吗？人立刻会感到需要固守其成果，并重新获得一种支撑以保证其冲动，正如让·诺盖清楚看到的那样。相反，人在获取知识(acquis)方面是处于停滞状态的吗？很快，成为这种更接近于材料的状态之特点的单调节奏就会变得越来越慢，并且主张创造的反应看起来似乎更有必要和更简单。如果没有这种反应，活人的流变就会很迟缓。任何创造性的演变就必定是一种波动的演变，因为前者不是在统计学概要中，即物种的进化中，而是在个体身上，特别是在年轻个体身上被抓住的。在个体身上，演变是成功与错误的织体。物种的进化只给我们提供了一种算得上巨大和特别的成功之总和，在这一总和中，错误只以畸胎学的面目被记录下来。相反，个体的功能是欺骗自己。希望每个人在自己身上对心理学做一次创造性的测试和一次创新性的实验，不管这种测试有多么微不足道，甚至如果这种创造性测试确实是微不足道的话，那么波动的创造主义心理学的准确性就将出现。错误不可能在不受损的情况下被延续下去。成功不可能在不冒险与不变脆弱的情况下被继续下去。个体的演变在其细节上是波动的。

在更道德的层面上，桑托斯意识到压抑通过陶冶的方法被释放或得到纠正，如同弗洛伊德指出的那样。但弗洛伊德的方法走不远：它忘记了一些特点，节奏分析将认真地把这些特点与对陶冶的观察联系在一起。事实上，当被压抑的事件上升到了清晰的意识中时，精神分析理论似乎认为病人会自愈，被阐明的意识将会原谅被长期隐藏的错误，而且无意识的“内疚”将通过有意识的承认而被抚慰。但是，难道不担心痛苦的过程在无意识中恢复吗？这一过程在弗洛伊德看来难道不是一种动态的错乱、一种流变的错乱，而非一种静态的错乱吗？为了不受神经官能症重复发作的袭扰，患者应该在意识中准备好内心原谅的清晰体系。于是，人将可以希望“迟疑”不再重新形成。这种系统的和有意识的原谅体系清楚地构成道德辩证法的极端，它是对照着内疚的无意识行为被建立的，并与有害流变之错误倾向相反。精神分析学——人们经常会注意到这一点——低估了精神的有意识的和理性的生命。它没有看到精神的恒定作用，因为这种精神经常赋予无形以一种形式，赋予欲望和模糊的本能以一种诠释。因此，陶冶的方法将作为一种由娴熟的和有资质的开业者完成的医疗行为。它是一次“手术”，这一手术在对神经官能症、在对罪犯一生所经历的巨大痛苦的治疗中可能是必要的。细致的道德需要一种更常用、更灵活的陶冶方法。它比精神分析更适合跟随波动的引诱（tentations）。再说，当需要触及一种正面的道德生活并发明善而不只是行善时，只有节奏分析才能引导我们。

只有节奏分析法考虑到道德双重主义，并且桑托斯写道："道德的不可改变与心的痛苦的节奏平衡是爱的法则和表达。"①更确切说，节奏分析阐明了道德二重性的基本动机。因为人类的自私最后总是回到对社会价值的占有欲上，诱惑和征服他人就是自私者的目的。于是，大人物就按照和解与伤害的节奏生活，他"从爱自己-爱他人这一节奏的两种截然相反的态度的一个极走到另外一个极"②。也许没有任何地方能比在道德上更严格，因为各种诠释的模棱两可不再明显了：我们所有的道德行为都有着双重目的。道德对人有一种反作用力。我尊重是为了被尊重。我爱是为了被爱。我行善是为了幸福。我与他人的比较是每种道德考验的基本原则。道德感情是所有感情中最波动的。节奏分析的道德提出解决这种波动。

四

我们就这样从桑托斯的长篇宏论中抽出了几个例子，这些例子都是关于精神生命的主要特性的，因为精神生命是节

---

① 桑托斯，《节奏分析》，前揭，第II卷，第II节，第12页。

② 同上，第6页。

奏分析的基础。由于我们把自己限定在了一定的范围之内，因此，我们就无法给大家介绍该作品的丰富内容。但是，只要能让人产生这样的印象就足够了，即生命的任何努力都是在辩证化，任何精神活动都是从低级层次向更高级层次的过渡，并且任何突现(émergeance)都需要一种支撑(appui)。人们也许会相对容易接受这些在哲学中并非新概念的极性(polarités)；但是，无疑有人会反驳说：这样一些在心理学上相对立的东西在哪些方面可以称得上是一门时间哲学呢？难道不觉得绵延与这些问题毫无关系，且人们可以用一句老话"异性相吸"来概括这些对立？

为了回答这些反对意见，我们要分两种情况来看，即要看这些相反的东西是无法调和的矛盾，还是一些小的冲突。在第一种情况中，一种状态的绵延将会准确调节对立反应的强度。这正是政客和教育学家们经常观察到的；但是，这种观察被扩大到生命的所有方面也许会更有益。于是，人们也许会承认强行的抑制导致能量的集聚，这些能量迟早会起反应。经过长期压制之后所产生的反应本身就会被拉长，因而就出现一种既有力又缓慢的节奏。

我们不再赘述，因为这一点比较容易展开。我们接下来主要想请批评我们的人看一些例子，在这些例子中相对立的方面并没有像桑托斯研究过的例子那么遥远和势不两立。似乎在这两个临近的极之间，迟疑——前进不可或缺的形式——具有了一种愈来愈规律的摇摆步态，这种摇摆愈来愈娴熟地与准确的时间节奏同时发生。因此，这说的是情感的二重性吗？让我们不再提带有激情的或富于戏剧色彩的决定性价值。让我们来谈谈轻微的忧郁吧，这些忧郁带有一点不稳定的欲望；那我们就看看不诱惑人的邪念(tentations)、宽容的蔑视、委婉的拒绝、口头的快乐……并且时间开始摇摆，所有的分秒都与自己背道而驰，并轻轻地给自己抹上了色彩，或明亮或灰暗。相对立的合二为一，然后又分道扬镳以便再次结合：

忧郁的华尔兹与倦怠的眩晕。

这就是微不足道的双重性，我们将在其中看到节奏分析获得了生气。在这种表面上不稳定的状态中，时间才是真正合适的分析程式；从兴趣与实用性中得出的意识与意志的辩证法趋于变成时间性的。继续一种状态的理由是如此不足，以至于想中断的欲望就表现了出来。在这种自由温馨的生命中，只有时间在指挥：于是一切在闪烁。

身体上轻微的疼痛也属于节奏分析。比如通过一些练习，人就可以让牙痛产生振荡。只需把注意力集中在这一疼痛的精确比例上，并避免去想其他的不适与烦躁，这些感觉是来填补具体疼痛的间隙的。于是，局部疼痛所产生的搏动就变得有自己的规律了。这种规律性一旦被接受，疼痛就会减轻。疼痛的局部性真正被还原，因为我们清楚知道了它发生的精确时间。

我们亲眼看到过这些做法所产生的效果，但这些做法需要相当长时间的练习才能掌握。如果我们以前强调支持生命的自然节奏并把它们规律化的话，那么上述做法就是绝对不可能了。首先是呼吸，当我们无忧无虑地呼吸之时，这种缓慢而均匀的节奏深深地影响着我们对时间的信任、对未来的信心和与被强调的时间(le temps scandé)的配合[①]。一门关于休憩的哲学的首要任务应该是努力实现呼吸的这种规律性。节奏分析酷似印度哲学的教诲。罗曼-罗兰用这样的一些术语给我们转述维韦卡南达(Vivekananda)的第一课[②]：

> 学着有节奏地、有控制地轮流用不同的鼻孔呼吸，同

---

① 参看乌塞尔(Masson-Oursel)，《印度神秘心理学学说》(Les doctrines indiennes de physiologie mystique)，《心理学报》(*Journal de Psychologie*)，1922年，第322页。

② 罗曼·罗兰，《罗摩克里希纳的生活》(*La vie de Ramakrishna*)，第295页。

时把精神集中在神经中枢流上。在有节奏呼吸时可以说一些话语,以便更好地把握、标识和引导节奏。整个身子要变成节奏!我们就这样学会了真正的控制与休憩、脸部与声音的平静。通过有节奏的呼吸,人体中的一切慢慢开始协调起来。身体中所有分子都朝一个方向运动。

换言之,有规律的节奏通过自己的共振加强了结构的对称性。我们也需要强调一下这一建议,即要按照一种更和缓的声音节律来保证呼吸的节奏。事实上,从我们的观点看,这样一些较少见的节奏的主要效能是很重要的。这种效能指明,低音的慢频率节奏可以支持和制约高音的高频率的节奏。假如一种快速的生命节奏被打乱,那么我们可以通过一种更慢、更容易监视、更容易被接受的节奏来制约它,从而达到修补它的目的。这就是为什么由一支间断性强的乐曲、由一种两步或三步就敲一下的集合鼓点伴奏的行走是如此有益健康,以至于很容易让呼吸变得既平稳又有规律。一种过于草率的现实主义结论更倾向于提出相反的效能:它认为正是多频的节奏支持着具有缓慢节奏的事件,像额外的事变那样。但经验是最有力的证明:精神通过屈指可数的和经过选择的行动让人接受它对生命的控制,这就是为什么休憩的艺术可以把自己建立在几个均匀分布的标记之上。

如果我们从节奏分析的观点来看人生命中的一些大的节奏的话，那么我们就会观察到大量这样的标记。例如，一个文静而爱沉思的人按照日出而作日落而息的节奏来调节自己的生活，他这样做会给自己带来好处，这样的道理还需要我们重申吗？我们还需要描述一下种田人非常有节奏的生活吗？因为他们首先依四季而劳作，并依自己体力耕种自己的土地。自从我们了解到维生素的特点以来，我们就越来越清楚，严格按照植物的节奏生活会有益于我们的身体健康：草莓、桃子和葡萄收获的时节就是人的身体在春秋季新陈代谢的时机。水果的日历就是节奏分析的日历。节奏分析到处寻找节奏的时机。它自信地认为，自然节奏是互相对应的或它们很容易相互叠合在一起，一个带来另外一个。它提前警告我们，逆时并在不了解时间辩证法的基本需求的情况下生活是有风险的。

五

但确切说，把人类的生活置于这些大的自然节奏的框架中确实束缚住了幸福，但却未束缚住思想。精神需要更集中的标志，并且正如我们所相信的那样，如果精神生活必须变成——从身体的角度讲——主要的生活，如果被思考的时间必须支配着被经历的时间，那我们就必须坚持寻找一种积极的休憩，这种休憩并不满足于时节的免费赠与。对桑托斯而言，这种积极的休憩，这种振荡的休憩似乎与抒情的状态相吻合。这位巴西哲学家很了解我们的当代文学。他是瓦莱里和克洛岱尔的忠实读者。他依次使用了克洛岱尔式的长句子和瓦莱里模糊而深奥的思想。他特别喜欢瓦莱里打乱平静与平息混乱、从心到精神以便很快从精神回到心的崇高艺术。

但是，桑托斯并不满足于这种对抒情生活的理智表达，因为这种表达些许有点冷静。他更喜欢保留抒情如身体一般妩媚的形式，如神话一般抚慰的形式，如情结一样把我们的过去与我们的青春期冲动相连的形式。刚好，他为节奏分析提供了一个抒情的神话，我们可以称之为俄耳甫斯情结。该情结符合取悦与安慰的原始需求；它很注重善意的抚慰，并且它的特点是具有这样一种态度，即人（être）喜欢通过一种庄严的态度来取悦。因此，俄耳甫斯情结构成了俄狄浦斯情结的反论。我们将会看到这个俄耳甫斯情结的诗歌翻译，我们会在被贝尔都（Félix Bertaux）称为里尔克（Rilke）《致俄耳甫斯的十四行诗》中读到那些翻译的诗歌，里尔克把对他人的不确定的爱当作一种利己主义来体验。通过体验离开，抒发感情的唯一喷涌，无论爱谁，无论爱什么，都是那么的温馨！这就是形式的快乐理论的基础，该理论与物质的、即时客观的快乐理论相对立。后者在俄狄浦斯情结中不幸把婴儿与第一张俯身于摇篮上的脸联系在一起。于是，与精神分析截然相反的节奏分析视自己为一门关于重现的童年的、总是可能的童年的学说，它总是在我们的梦面前打开一个不确定的未来。确切说，在一篇特殊的与弗洛伊德关于达·芬奇作品的看法相悖的论述中，桑托斯把达·芬奇的天才活动解释为一种永恒的儿童期。实际上，创造主义不可能只是一种终身的年轻化，一种总是用惊叹的目光去打量一切熟悉景象的方法。任何抒情状态必须建立在兴奋的知觉之上。波普(Pope)曾说，孩子是我们的导师。儿童时代是我们节奏的源泉。儿童时期的节奏是创造性的和有教育作用的。我们必须对成年人进行节奏分析，以便让他们重温有关节奏活动的科目，正是这种活动帮助他们茁壮成长。

六

至于我们，我们是想通过远离将我们封闭于俄耳甫斯情结中的无意识的强大力量，把抒情状态与一种精神的转化联系在一起。因此，我们是在叠合时间的较高区域、在被思考的时间中寻找最清晰和最有驱动力的辩证法。

例如，为了以我们的方式感受瓦莱里的整个诗，我们把时间辩证法的模式应用到了他的诗歌中。这也许是一种牵强附会，因为它太抽象、太个人化并太快让人联想到哲学枯燥乏味的习惯。但是，我们承认这种平庸的方法很少引起反响；我们尤其感觉到，模棱两可的时间模式在多大程度上能帮助我们把声音的节奏理智化并思考一种诗歌，因为当人们只囿于朗读和感受这种诗歌时，它不会展现出自己的全部魅力。于是，我们看到观念（idées）在歌唱，这一系列观念有自己的重音，并且这些重音在我们的内心深处支配着被压制的喃喃低语声。有着"哑巴"嗓音的我们让意象接替意象，我们生活在各种诠释的叠合中，我们意识到究竟什么是精神特有的、理智特有的抒情状态。现实把自己装扮并伪装成条件刺激。不同诠释的一直可能的分离（dissociation）或许代替了观念的联合（association）。精神以拒绝最始终如一的赞同来消遣。它找到了一种用来毁灭合诗意的、与春天唱反调的、抵制一切魅力的富有诗意的享乐。另外，禁欲主义极具享乐主义色彩，因为在其有限的形式下，快乐似乎更易颤抖。就这样，从日常习作中被解放出来的诗重新变成了有节奏的生命与思想的范式。因此，它最适合对精神生命进行节奏分析，最适合重新赋予精神对绵延的辩证法的控制。

“轻与重”文丛(已出)

01	脆弱的幸福	[法]茨维坦·托多罗夫 著	孙伟红 译
02	启蒙的精神	[法]茨维坦·托多罗夫 著	马利红 译
03	日常生活颂歌	[法]茨维坦·托多罗夫 著	曹丹红 译
04	爱的多重奏	[法]阿兰·巴迪欧 著	邓 刚 译
05	镜中的忧郁	[瑞士]让·斯塔罗宾斯基 著	郭宏安 译
06	古罗马的性与权力	[法]保罗·韦纳 著	谢 强 译
07	梦想的权利	[法]加斯东·巴什拉 著	杜小真 顾嘉琛 译
08	审美资本主义	[法]奥利维耶·阿苏利 著	黄 琰 译
09	个体的颂歌	[法]茨维坦·托多罗夫 著	苗 馨 译
10	当爱冲昏头	[德]H·柯依瑟尔 E·舒拉克 著	张存华 译
11	简单的思想	[法]热拉尔·马瑟 著	黄 蓓 译
12	论移情问题	[德]艾迪特·施泰因 著	张浩军 译
13	重返风景	[法]卡特琳·古特 著	黄金菊 译
14	狄德罗与卢梭	[英]玛丽安·霍布森 著	胡振明 译
15	走向绝对	[法]茨维坦·托多罗夫 著	朱 静 译

16 古希腊人是否相信他们的神话

[法] 保罗·韦纳 著　　张 竝 译

17 图像的生与死　[法] 雷吉斯·德布雷 著

黄迅余　黄建华 译

18 自由的创造与理性的象征

[瑞士] 让·斯塔罗宾斯基 著

张 亘　夏 燕 译

19 伊西斯的面纱　[法] 皮埃尔·阿多 著　　张卜天 译

20 欲望的眩晕　[法] 奥利维耶·普里奥尔 著　　方尔平 译

21 谁,在我呼喊时　[法] 克洛德·穆沙 著　　李金佳 译

22 普鲁斯特的空间　[比利时] 乔治·普莱 著　　张新木 译

23 存在的遗骸　[意大利] 圣地亚哥·扎巴拉 著

吴闻仪　吴晓番　刘梁剑 译

24 艺术家的责任　[法] 让·克莱尔 著

赵芩岑　曹丹红 译

25 僭越的感觉/欲望之书

[法] 白兰达·卡诺纳 著　　袁筱一 译

26 极限体验与书写　[法] 菲利浦·索莱尔斯 著　　唐 珍 译

27 探求自由的古希腊 [法] 雅克利娜·德·罗米伊 著

张 竝 译

28 别忘记生活　[法] 皮埃尔·阿多 著　　孙圣英 译

29 苏格拉底　[德] 君特·费格尔 著　　杨 光 译

30 沉默的言语　[法] 雅克·朗西埃 著　　臧小佳 译

31 艺术为社会学带来什么

[法] 娜塔莉·海因里希 著　何 蒨 译

32 爱与公正　[法] 保罗·利科 著　韩 梅 译

33 濒危的文学　[法] 茨维坦·托多罗夫 著　栾 栋 译

34 图像的肉身　[法] 莫罗·卡波内 著　曲晓蕊 译

35 什么是影响　[法] 弗朗索瓦·鲁斯唐 著　陈 卉 译

36 与蒙田共度的夏天　[法] 安托万·孔帕尼翁 著　刘常津 译

37 不确定性之痛　[德] 阿克塞尔·霍耐特 著　王晓升 译

38 欲望几何学　[法] 勒内·基拉尔 著　罗 芃 译

39 共同的生活　[法] 茨维坦·托多罗夫 著　林泉喜 译

40 历史意识的维度　[法] 雷蒙·阿隆 著　董子云 译

41 福柯看电影　[法] 马尼利耶 扎班扬 著　谢 强 译

42 古希腊思想中的柔和

[法] 雅克利娜·德·罗米伊 著　陈 元 译

43 哲学家的肚子　[法] 米歇尔·翁弗雷 著　林泉喜 译

44 历史之名　[法] 雅克·朗西埃 著

魏德骥　杨淳娴 译

45 历史的天使　[法] 斯台凡·摩西 著　梁 展 译

46 福柯考　[法] 弗里德里克·格霍 著　何乏笔 等译

47 观察者的技术　[美] 乔纳森·克拉里 著　蔡佩君 译

48 神话的智慧　[法] 吕克·费希 著　曹 明 译

49 隐匿的国度　[法] 伊夫·博纳富瓦 著　杜 蘅 译

50 艺术的客体　[英] 玛丽安·霍布森 著　胡振明 译

51 十八世纪的自由 ［法］菲利浦·索莱尔斯 著

唐 珍 郭海婷 译

52 罗兰·巴特的三个悖论

［意］帕特里齐亚·隆巴多 著

田建国 刘 洁 译

53 什么是催眠 ［法］弗朗索瓦·鲁斯唐 著

赵济鸿 孙 越 译

54 人如何书写历史 ［法］保罗·韦纳 著 韩一宇 译

55 古希腊悲剧研究 ［法］雅克利娜·德·罗米伊 著

高建红 译

56 未知的湖 ［法］让-伊夫·塔迪耶 著 田庆生 译

57 我们必须给历史分期吗

［法］雅克·勒高夫 著 杨嘉彦 译

58 列维纳斯 ［法］单士宏 著

姜丹丹 赵 鸣 张引弘 译

59 品味之战 ［法］菲利普·索莱尔斯 著

赵济鸿 施程辉 张 帆 译

60 德加，舞蹈，素描 ［法］保尔·瓦雷里 著

杨 洁 张 慧 译

61 倾听之眼 ［法］保罗·克洛岱尔 著 周 皓 译

62 物化 ［德］阿克塞尔·霍耐特 著 罗名珍 译

图书在版编目(CIP)数据

绵延的辩证法 /(法)巴什拉著;陈元译.
--上海:华东师范大学出版社,2021
("轻与重"文丛)

ISBN 978-7-5760-1331-3

Ⅰ.①绵… Ⅱ.①巴…②陈… Ⅲ.①时间哲学-研究 Ⅳ.①B016.9

中国版本图书馆 CIP 数据核字(2021)第 029579 号

华东师范大学出版社六点分社
企划人 倪为国

轻与重文丛
绵延的辩证法

主　　编 姜丹丹
著　　者 (法)加斯东·巴什拉
译　　者 陈　元
责任编辑 王　旭
责任校对 徐海晴
封面设计 姚　荣

出版发行 华东师范大学出版社
社　　址 上海市中山北路 3663 号　邮编　200062
网　　址 www.ecnupress.com.cn
电　　话 021-60821666　行政传真　021-62572105
客服电话 021-62865537
门市(邮购)电话 021-62869887
地　　址 上海市中山北路 3663 号华东师范大学校内先锋路口
网　　店 http://hdsdcbs.tmall.com/

印 刷 者 上海盛隆印务有限公司
开　　本 787×1092　1/32
印　　张 6.5
字　　数 91 千字
版　　次 2021 年 4 月第 1 版
印　　次 2021 年 4 月第 1 次
书　　号 ISBN 978-7-5760-1331-3
定　　价 58.00 元

出 版 人 王　焰